チェ・ゲバラ

AMERICA放浪書簡集

ふるさとへ 1953-56

エルネスト・ゲバラ・リンチ＝編
棚橋加奈江＝訳

現代企画室

ゲバラに対する伯母ベアトリスの愛情は、幼いころから深いものがあった。左端の、ゲバラを抱くのが母親セリア、次の赤子を抱くのが伯母ベアトリス、祖母ゲバラ・リンチ。本書には、ゲバラが伯母ベアトリスに宛てた手紙が多数収録されている。資本主義をよしとする伯母に向かって、ゲバラはからかいと皮肉をこめた言葉をわざと使うが、ゲバラもまた、この伯母を愛していたことが、手紙全体から伝わる。

ゲバラ一家の人びと。左から、（エルネストから見て）弟フアン・マルティン、父親リンチ、妹アナ・マリーア、エルネスト・ゲバラ、母親セリア、弟ロベルト、妹セリア。

グアテマラのキリグアで、
マヤ文化遺跡を見上げる
ゲバラ。

メキシコでは、街頭写真
屋の仕事で生活費を稼い
だ。当時の仲間たちと。

ゲバラとイルダ。メキシコ市の大学都市を散歩していて、キャンパスの一角の芝生の上で腰をおろして休む。

ゲバラとイルダは、ペルー人の友人を伴なって、メキシコ市郊外トルーカに小旅行をした。

ポポカテペトル山に登るゲバラたち。

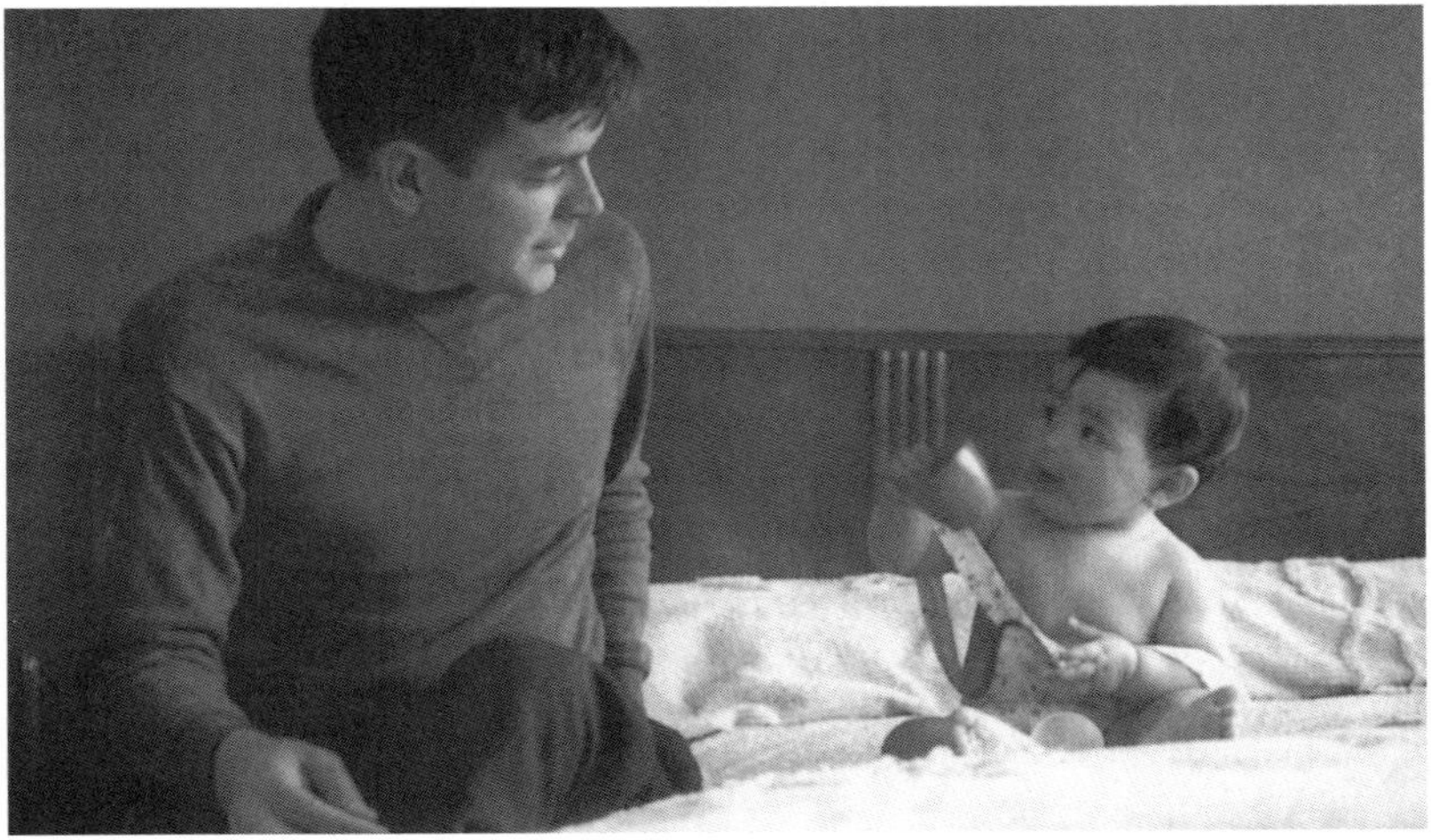

1956年２月、娘イルダ（イルディータ）が誕生した。

メキシコで、キューバへ侵攻するためのゲリラ訓練に励んでいたころのゲバラ（右端）たち。中央は、フィデルの弟ラウル・カストロ。

メキシコ当局に一斉逮捕された「7月26日運動」のメンバーは、ミゲル・シュルツ拘置所の一隅で記念撮影。最前列に横たわるのがゲバラ。後列左から5番目かフィデル・カストロ。

拘置所の中庭で。イルダを抱くゲバラ。1956年6月。

ミゲル・シュルツ拘置所の中で、妻と会う。ゲバラ、イルダのほかに、右端に見えるのは、ゲバラたちに軍事訓練を施したアルベルト・バーヨと、その妻と娘。

ミゲル・シュルツ拘置所の同じ房で、衣服を着替えるカストロとゲバラ。

アルベルト・バーヨの指示により、ゲバラも首都郊外の秘密キャンプで実施されていた射撃訓練に参加した。

1956年11月25日、カストロやゲバラら「7月26日運動」の82人は、8人乗りのヨット「グランマ号」でトゥスパン港を出航し、キューバへ向かった。

チェ・ゲバラ

AMERICA放浪書簡集

ふるさとへ 1953-56

Aquí va un soldado de América
by Ernesto Guevara Lynch

Japanese translation rights arranged with Sperling & Kupfer Editori S.p.A., Milano, Italy
Through Tuttle-Mori Agency, Inc., Tokyo

目次

ゲバラたちの第1回AMERICA旅行地図
(1951年12月〜52年8月)
[国名は当時のもの]

アメリカ合州国
メキシコ
メキシコ
トゥスパン
（航路）
ハバナ
キューバ
ラ・コロラダス
ハイチ
ドミニカ共和国
ジャマイカ
ホンジュラス
グアテマラ
グアテマラ
テグシガルパ
ニカラグア
サンサルバドル
エルサルバドル
マナグア
サンホセ
パナマ
コスタリカ
パナマ
英国領ギアナ
ベネズエラ
オランダ領ギアナ
フランス領ギアナ
（航路）
コロンビア
エクアドル
グアヤキル
ペルー
ブラジル
リマ
マチュピチュ遺跡
クスコ
ティティカカ湖
プノ
ラパス
ボリビア
チリ
パラグアイ
フフイ
トゥクマン
コルドバ
ロサリオ
ウルグアイ
ブエノスアイレス
アルゼンチン
マルビナス諸島
ゲバラたちの第2回AMERICA旅行地図
（1953年6月〜56年11月）
［ 国名は当時のもの ］

1955年

1月　このころ、ジョン・リード『叛乱するメキシコ』、グスマン『パンチョ・ビリャの回想』などの本を読む。また医学研究のために野良猫を拾う。

4月　アルバイトで、第2回パンアメリカン・スポーツ大会を取材。また、ベラクルスで開かれたアレルギー学会に研究論文を提出。このころから、家族・友人宛ての書簡でキューバへの深い関心を示す。

7月7日　恩赦で釈放されたフィデル・カストロ、ユカタンのメリダに到着。翌日、首都メキシコ市に着き、まもなくゲバラと知り合う。

7月26日　メキシコ市でキューバ人亡命者たちが開いたモンカダ兵営攻撃2周年記念集会に参加。

8月18日　テポソトラン村でイルダ・ガデアと結婚式を挙げる。

9月1日　ベラクルスでの医学会議に出席し、アレルギーに関する発表を行ない優れた報告だとして専門誌に掲載される。

9月16日　アルゼンチンでフアン・ドミンゴ・ペロン政権倒れる。

11月　イルダと共にユカタン半島を旅行し、ウシュマル、チチェン・イツァーなどのマヤの遺蹟を訪ねる。

12月　メキシコ・ソ連文化協会でロシア語を学び始める。

この年、ポポカテペトル、イスカシワトルへ登山する。

1956年

この年も登山を繰り返す。経済学に関心をもち、スミス、リカード、ケインズ、ハンセンらを読む。オストロフスキー『鋼鉄はいかに鍛えられたか』などのソビエト文学に親しんだほか、マークトウェイン、チェホフの作品を好む。

4月～6月　来るべきキューバ遠征隊はチャルコのサンタ・ロサ農場を借りて、アルベルト・バーヨの指導の下で軍事訓練に励む。このころ読んだ本に、ストーン『朝鮮戦争秘史』、バーヨ『カリブの嵐』などがある。

6月24日　メキシコ警察に、不法滞在で逮捕される。

7月31日　釈放されたが、内務省に「10日間で出国」との条件をつけられたため、地下生活をおくる。

8月　軍事訓練を続行する一方、多数の本を読む。なかでも、「征服」に関するクロニスタの諸記録、アルゼンチンのガウチョ文学、ゲーテ、ネルーダ、マルティ、ラテンアメリカ現代史に関するものなど。

11月25日　ゲバラを含めて82人のキューバ遠征隊員を乗せて、ヨット「グランマ号」がメキシコ、トゥスパン港を出港してキューバへ向かう。

以上の事実の抽出は、本書の記述および *Un Hombre Bravo*, por Adys Cupull y Floilán González, Editorial Capitan San Luis, La Habana, 1994 に基づいている。

ゲバラの第2回目　AMERICA　旅行の旅程

1953年

6月　ブエノスアイレス大学医学部を卒え、医師資格を取得。ただちに、第一回目旅行の同行者アルベルト・グラナードがいるベネズエラの病院で働くための旅行準備を開始。

7月7日　カリーカことカルロス・フェレールと列車でブエノスアイレス発。

7月11日　ボリビアのラパスに到着。

7月26日　キューバでフィデル・カストロら青年たちがバティスタ政権打倒をめざして、サンティアゴ・デ・クーバの政府軍モンカダ兵営を攻撃。カストロらは逮捕される。

8月　ボリビア国境を超えてペルーに到着。クスコ、マチュピチュ遺蹟などを訪れる。

9月10日　エクアドルのグアヤキルに到着。

10月16日　フィデル・カストロ、公判廷で「歴史はわれわれに無罪を宣告するであろう」と語る。

10月29日　航路でパナマに到着。滞在中に雑誌「シエテ」にマチュピチュに関する論文「マチュピチュ：アメリカの石の謎」を執筆。

11月　コスタリカに到着。その後、ニアラグア、ホンジュラス、エルサルバドルを経て、グアテマラに到着。ペルーからの亡命者イルダ・ガデアと知り合う。同じ頃、グアテマラに亡命していたキューバ人（モンカダ兵営攻撃作戦参加者）とも知り合う。このころ、『ポポル・ブフ』などのラテンアメリカ古代文明関係書をはじめ、エンゲルスの『反デューリング論』、サルトルの『実存主義とは何か』『壁』『存在と無』『嘔吐』『汚れた手』などを読む。詩を好み、ネルーダ、ロルカ、バジェホ、マルティ、ボルヘス、マチャードなどの詩を暗誦する。

1954年

このころ、1949年の中国革命以降のニュースが伝わり、その革命の性格と中国文学への関心を深め、マルクス、レーニンらの本を読む。

6月　グアテマラのアルベンス民族主義左派政権を倒すために、米国に支援されたカスティージョ・アルマスによる軍事クーデタが起こり、ゲバラはその現場を目撃し、「ぼくはハコボ・アルベンス政権の崩壊を目撃した」との論文を書く。新政権に「危険な共産主義者のアルゼンチン人」と見做され、滞在不許可となる。

9月　メキシコへ到着。カメラを買い、街頭で人びとの写真を撮って生活費を稼ぐ。撮った写真を届けるためにメキシコ市を歩き回る。その後病院で働いたり、通信社の仕事をしたりする。グアテマラで知り合ったペルー人亡命者、イルダ・ガデアとの付き合いを深める。キューバ人亡命者とも知り合う。

凡例

一、本書は*Aquí va un soldado de América*, por Ernesto Guevara Lynch, 1987 Sudamericana/Planeta S. A. (Editores) の全訳である。

二、本文中で使われているAméricaには「米州」の訳語をあてた。これは、アラスカからパタゴニアまでのアメリカ大陸全域を示す際に用いられる、ラテンアメリカではごくふつうの用法である。日本でいう「アメリカ」が指す「アメリカ合州国」については、多くの場合「米国」とし、ゲバラがこだわって使っていると思われる場合には「北アメリカ」「アメリカ合州国」の訳語を用いた場合もある。

三、口絵写真と旅程は、日本語版編集部の責任でまとめた。

四、註は、奇数頁の左端にまとめた。末尾に【訳註】と記したもの以外は原註である。なお、文中で［　］で括った説明の文章は、ごく簡潔な訳注である。なお、訳注を入れる箇所は必ずしも初出のところではなく、本書を読むうえで最適と思われる場所を選んだ。

五、カバー写真は、伯父ホルヘ・デ・ラ・セルナの影響でパイロットになることに熱中していた一九五〇年ころのゲバラである。

前書き

エルネスト・ゲバラ・リンチ

世界では「チェ・ゲバラ」の名で知られるわが息子、エルネスト・ゲバラ・デ・ラ・セルナの伝記の第一部を、私は一九八〇年に書き終えた。本は『わが息子　チェ』と題され、同年、スペイン語とイタリア語で出版された。

その本は、エルネストが幼なじみのカルロス・フェレールと連れだって、ブエノスアイレスからボリビアへと向かう国際列車に乗り込むところで終わっていた。

あたかも今日が、一九五三年七月の曇り空で寒いその日であるかのように、思い出される。

友人たちや親戚が大勢エルネストを見送りにやってきたが、列車がレティーロ駅を出発しようとしたとき、エルネストは車両に乗り込むのではなくホームを数メートル歩き、緑色のザックを持ったほうの手を高々と掲げ、「米州の兵士、行って参ります《アキ・バ・ウン・ソルダード・デ・アメリカ》」と叫んだのだった。長い国際列車はゆっくりと動き始め、チェはもう一度同じ言葉を叫ぶとすぐ、アルゼンチンから彼を連れ出そうとしているこの列車に乗り込んだ。「米州の兵士、行って参ります」。誰にとっても解せない叫びだった。だが実はこの言葉は、ヤンキー帝国主義の支配の軛から米州を解放するために自らの人生を捧げるのだという、彼自身の決意に見合うものだったのだ。ヤンキー帝国主義は何十年にもわたって、米州の低開発諸国の天然資源を搾取し続け、自らや飼い主の便益を守るために政権を掌握する各時代の軍部や、いくらでも言いなりになる政治家たちを出したり引っ込めたりして、内政を左右してきたのだ。

この旅行でのエルネスト・ゲバラ・デ・ラ・セルナはすでに、外国の支配下におかれた米州の解放を求めて戦う国際的闘士としての、あのチェ・ゲバラの卵であった。しかし、彼を見送りに行った友人たちも親戚も、そのことに気づいていなかった。エルネストが米州を縦断するために祖国をあとにし、メキシコでフィデル・カストロ・ルス博士の隊列に加わって何年も経ってから、私たち家族や彼の友人たちは、ブエノスアイレスのあの寒い冬の朝の、チェの叫びを理解したのだった。

ラテンアメリカを巡る新たな旅行を通じて彼が積み重ねていった、政治的・社会的・経済的体験の物語から成るこの二冊目の本で、チェの伝記は完結する。

私は何年もの間、エルネストが私たちに宛てて書いた手紙を公表するという考えを胸の内に抱いていた。だがいつも、思いとどまった。その手紙は、彼の政治的・社会的思想を解きあかすものであるとはいえ、あまりにも内密なものだったので、出版するべきではないと信じていた。けれども、チェが政治的に重要な地位に就いた後に書かれた、とどまるところを知らない嘘偽り——大部分はチェの人物像をねじ曲げようとするものであるか、あるいはただ高い報酬のために原稿用紙を埋めようとしただけのものであるか、のどちらかだった——や、ラジオやテレビや芝居が伝え、新聞や雑誌や書物が公表した嘘偽り——多くは伝記めかして書かれた——などに思いを巡らした結果、手紙を公表しないまま私が沈黙を続けていると、彼について書かれたり言われたりしていることを裏づけることになってしまう、と気づいたのだ。

多くの著者——えせ社会学者やにわか哲学者たち——は、チェを解説しようとしているつもりだろうが、打算的でばかげた結論を導きだし、真実をゆがめ、チェが銃とペンをもって戦った当の相手から、いいように利用されてきた。

革命家チェが創り出す革命思想は、持たざる者、社会的に疎外された人びと、世界資本主義によって搾取された人びとの世界で培われていく。これは世界資本主義の大連合にとって重大な脅威となる。彼らは、チェその人を恐れるばかりではなく、チェがどんどん増えていくこと、つまり、各々の低開発諸国に一つずつベトナムができていくことを[*1]、恐れているのだ。だからこそチェを「冒険家」として位置づけ、読者が革命ゲリラとしての彼の本当の人物像を知るのを妨害しようとしている。

チェは、神話や伝説として捉えられようとも、偉大な社会革命の起爆剤となることができるのだ。

この本の中で公表する手紙が、そのような思惑を完全に打ち砕いてくれるものと私は信じている。この手紙を読めば、彼の真の人間性と思想と振る舞いが分かるからだ。

ボリビア、ペルー、エクアドル、パナマ、コスタリカ、ニカラグア、エルサルバドルを経由して、グアテマラにたどり着くまでの彼の旅、グアテマラでの滞在、それからメキシコへ到る旅の物語は、エルネスト・ゲバラ・デ・ラ・セルナが、政治・社会的にどのように成長し、ついには国際主義の闘士チェに姿を変えていったかを、的確に、具体的に伝えてくれるだろう。

キューバ上陸の準備段階で、グアテマラとメキシコに滞在していた頃の話は、これまであまりよく知られておらず、歴史の空隙を埋めてくれる。

本書には、家族に宛てた手紙以外に、チェとベルタ・ニルダ（ティタ）・インファンテ博士との間でやりと

＊1米国軍によるベトナム侵略戦争が激化していた一九六〇年代なかば、世界じゅうで反戦運動が高揚していた。ボリビアに潜行していたゲバラはこの状況を、大方の反戦運動とは異なる角度から分析したメッセージ「二つ、三つ、数多くのベトナムをつくれ、これが合言葉だ」を一九六七年四月一六日に発表した。それは、ベトナムのような戦いが世界各地で起これば、敵＝帝国主義の軍事力は分散され、ベトナム民衆を孤立からすくうとともに、各地の解放闘争の勝利が早まる、と主張するものだった。【訳註】

りされた手紙も含まれている。

エルネスト・ゲバラ・デ・ラ・セルナとティタ・インファンテは、一九四八年頃にブエノスアイレス医学校で知り合った。エルネストはアルベルト・グラナードと米州中を旅したり、アルゼンチンの商船に看護人として乗り込んで旅行したりしていて、大学へは不規則にしか通っていなかった。それでもティタよりずっと早く、グラナードとの旅行から戻った一九五二年四月に学位を得てしまった。

ティタのほうはというと、十分に聡明で能力もあったのだが、ただエルネストのような勢いと粘り強さに欠けていた。それは彼女からの手紙にはっきりと表れている。彼女は一九五六年一二月に医学博士となった。

ティタ・インファンテは、エルネストの相談相手であり心の友であった。手紙のやりとりを通じて、米州中を回ったエルネストの足跡を追っていった。エルネストはティタに宛てて、彼が抱えていた不安や疑問、願望、失敗、学業とその結果のことを書いてよこした。

チェはティタに宛てた手紙の中では実に率直なので、政治的・社会的・人間的・革命的視点から彼の人物像を評価するのに欠かせない資料となっている。そこで、家族に宛てた手紙と一緒にこれを補完するものとして彼女宛の手紙もこの本に収録したのである。

若き日のティタが私の家を訪れていた頃に、私はこの女性——たぐいまれな人徳の持ち主だった——と知り合う光栄に浴した。そしてエルネストが彼女に宛てた手紙を読んでいて、エルネストは彼女の言葉を師の言葉のように尊重していたのだと確信できた。

敬服に値するこの女性は、だれよりも早く、深く理解したこの青年の姿に恋をしていたのかもしれない。おそらく彼女は、世界帝国主義によって遺棄され、抑圧されている人びとを守ることに人生を賭けるようにチェを駆り立てた、すべてのものを共有していたのだろう。

ティタ・インファンテが書いたものには二つ、チェの歴史を語り伝えるものがある。一つは、キューバはアレグリーア・デル・ピオでの敗退の際のものだ。[*2] 世界中の新聞や雑誌やラジオ放送に、反乱軍「七月二六日運動」[*3]の指導者が全員死亡したとの報道があふれた。ティタは——心の奥底では信じまいとしていたが——感動的で、簡潔な、胸を打つ別れの手紙をしたためた。二つ目は——それから何年か経過した後で、チェがボリビアで命を落としたことを彼女自身が認めざるを得なかったときのものだが——ブエノスアイレスの重要な出版社のために書かれた。私自身、この二つ目のほうは、チェ・ゲバラについて書かれた伝記文のなかでも特に優れたものの一つであると思っている。

話の結びは短くて悲しい。ティタ・インファンテは純精神的に愛してきたひとを亡くしたあと、生き続けることができなかった。

＊2 一九五六年一二月二日、ゲバラも参加した反乱軍（総勢八二名）はキューバに上陸した。三日後の五日に、上陸地点に近いオリエンテ州ニケロ郡クルス岬付近の村落アレグリーア・デ・ピオに到着したが、そこをバティスタ政府軍が空から攻撃し、大半のメンバーが戦死するか捕虜となり、反乱軍は甚大な被害をうけた。【訳註】

＊3 フィデル・カストロたちは、一九五三年七月二六日にサンティアゴ・デ・クーバにある政府軍のモンカダ兵営を襲撃したが、これが革命運動の出発点を画する象徴的な日付であることから、「七月二六日運動」と名づけた。【訳註】

以下の物語は、父親によって書かれたエルネスト・チェ・ゲバラの伝記の続編である。

第一章　「ボリビア――戦いの舞台」

カリーカ・フェレールとエルネストの、北への旅が始まろうとしていた。二人はブエノスアイレスからボリビアへ向かう列車に乗った。列車はレティーロ駅を出発し、ブエノスアイレス、サンタフェ、コルドバ、トゥクマン、ラリオハ、フフイの各州を通過していく。

二人は、そのころ報道されていたパス・エステンソロ政権打倒を目指す革命の動きをその目で見たくて、ボリビアに行こうとしていた。

完全な旅程はまだ決まっていなかった。エルネストがブエノスアイレスから始めて、ほぼ二年後にメキシコ市で終えることになる、この旅行の全体像をさらに完全な形で提供するために、私は以下にフェレールの話と、エルネストが私たち家族に宛てた手紙の全文または一部を挿入しておいた。これらの手紙は、この長い旅を客観的に描写しているばかりでなく、二人が通った国々で体験したことがどんな政治的・社会的側面を持っていたのかをも、すべて映し出している。いきいきとみずみずしい調子で語られた、いろいろなエピソードがちりばめられているのだ。

カリーカ・フェレールはエルネストの幼友達だ。兄のホルへ（「太っちょ《エル・ゴルド》」）とともに、遊び仲間の一人だった。彼らの父親はアルタ・グラシア［コルドバ市郊外の地区。ゲバラの喘息治療のために一家は空気が澄んだここへ移った。］にいたときの私たちの主治医であった。

もう一度北へ向かう旅に出ようと決めたエルネストに付き合ったのはカリーカだった。

カリーカ・フェレールがブエノスアイレスに戻ってきたときに、表現豊かに私に語ってくれたことのうちのいくつかを、ここでできる限り忠実に再現してみよう。

「ついに僕たちは、ずっと前から夢にまで見ていた旅に出ようとしていたんです。」

「ボリビアとペルーを経由して、僕が滞在しようと考えていたベネズエラへと向かう計画を立てていました。僕はボリビアという国を知らなかったので、ボリビアを通るルートをとりたかったのです。

二人で少しばかりのお金を貯めてありました。たくさんではなく、七〇〇ドルかそこらでした。それっぽっちのお金で、助け船なしでベネズエラまでたどり着こうなんて、奇跡でも起こさなきゃ無理な話でしたよ。旅は長いし金はないし……。一九五三年七月七日、僕らはレティーロ駅からブエノスアイレスを出発しました。太陽の出ていない、寒い午後でした。列車が発車したときにはもう暗くなりはじめていました。

見送りにやってきた家族や友人たちは、僕たちが旅行しようとしていた二等車の乗客の貧しさとは対照的な身なりをしていました。一等車の値段は二等車の二倍以上もしたので、出発の時から節約したのです。二等車だと木の椅子に座っての旅になってしまうけれど、もっとずっと楽しい人たちと一緒だし、ほかの乗客もしているように、このクラスの乗車券なら食べ物を持ち込むことが許されますしね。僕たちはずいぶんとしょい込んでいたものです。一四ほども荷物を持っていて、なかには必需品もありましたが、ほとんどは送別の品々でした。

列車の乗客は、僕らの目には風変りに映りました。異質な人とものがいっしょくたになっていました。男、女、子ども、ぼろぼろのスーツケース、小包、毛布、そして必需品のパバ[*1]とマテ茶。果ては、車掌の目を盗んで隠した犬、猫、オウム。

みなとても貧しい人たちでした。大部分は、ブエノスアイレスでいくばくかのお金を稼いで故郷に帰る、アルゼンチン北部出身の労働者か、ボリビア人でした。

こうして、小さな子どもたちがぐずったり、人びとがおしゃべりしたり、マテ茶をのんだり、お粗末なギターに合わせて歌ったりしているなか、僕らはうつらうつらしたり、可能であれば本を読んだり、旅の道連れと言葉を交わしたり、景色を堪能したりしながら、高い頂が壮大な景観を呈しているウマワカ峡谷を背後に残しつつ、二日間旅して、キアカというアルゼンチン国境の町に入りました。

避けて通れない手続きを済ませた後で国境を越え、ボリビアに入ってからは、ラパスに向けて旅を続けました。

首都行きの鉄道に乗り込もうとしたとき、荷物運びの仕事をしていた巨漢がさっと出てきて、傲然と僕らの荷物を取りあげようとしたのですが、カバンにさわらせまいとしてエルネストがそいつを激しく押しのけたので、巨漢のもくろみもむなしく終わりました。

それから単調な山の風景のなか旅を続けラパス市に着きました。二人ともラパス市は初めてでした。建物や、難所の多い急勾配の小道、そしてなんと言ってもぶらぶらとそこら中を歩き回っているコジャ[*2]の人びとの装いに、強い印象を受けました。コジャのことを僕は知りませんでしたが、能面のような無表情で、のろのろと移動していました。そこは高度四〇〇〇メートルにもなる場所でした。

＊1 湯を沸かすために使う金属製の急須の一種。
＊2 ペルー・ボリビア・アルゼンチンの高地に住む先住民族集団。

ラパスにはそのころ、国外追放にあったアルゼンチン人や、亡命した政治家などが大勢かくまわれていました。

『追放者』のなかには、のちに米州のところどころで僕たちと再会することになるリカルド・ロホ博士もいました。

中産階級社会のあり方とは違って、僕たちはいつも労働者階級と直接ふれあっていました。僕たちが知りたかったのは、コジャの人びとにとって何が不安で何が必要なのか、どんな考え方や生き方をしているのか、ということでした。それが分かれば、この伝統ある人びとが何世紀も前から追いやられてきた貧困状態を、明らかにすることができるからです。栄養不良で、病気持ちで、コカの葉を噛むという悪習に染まりながらも、超然と口をつぐみ歯を食いしばって、ほとんど諦めに近い思いで、こんな逆境を覆す手だてもないまま、何世代も、何世紀も引きずってきた惨めな生活を耐え忍んでいるのです。あまりにも後《おく》れた状態の中で暮らしているので、コジャの人たちが町の当局者に何らかの要求を交渉しに行くときなど、そこの政府の役人は、平然と彼らをDDTで消毒してしまうのです。

コジャの人びとの中には、これがあまりにも当たり前になってしまっている者もいて、こんなやり方で消毒された後でも、ごくのんびりと、みんな粉だらけになりながら、ラパスの細い道へと戻っていくのです。

エルネストと僕は内地を歩き回り、有名なボリビアの鉱山をいくつか見ましたが、鉱山労働者はしっかりと武装していて、きちんとした防衛組織を持っていました。ある時、爪の先まで武装した彼らの旅団が、パス・エステンソロ人民政権[*3]打倒を狙ったいかなる無謀なたくらみもくい止める用意のあることをヤンキーたちに示すために、ラパスまで遠征して行くのを見るチャンスがありました。

デモ行進を終えての帰り道、この労働者たちはライフルと自動小銃を空に向けて撃ちながら戻ってきました。他の同志たちを前に、そのような力の誇示ができることに大喜びしていました。大変な熱狂ぶりが表れているのと同時に、規律や戦闘訓練が全く欠如しているのも明らかでした。北アメリカ合州国はこの『人民革命』にいい顔をしませんでした。この革命は、職業軍を解散し、それに代わって人民軍を形成した革命的労働者の利益を支えるものであり、また農民に耕作する土地を与える農地改革を実施する準備をしていました。

見知らぬ土地で、意見が対立していても僕らアルゼンチン人はみな一団となっていました。祖国にいたときは深い眠りについてしまっていた愛国心が、あそこでは目覚めてしまったのです。」

◆

次に紹介するのは、ラパスから投函された、エルネストから母への手紙である。

「一九五三年七月一二日

母さん

ここでは、僕らはすごくぜいたくなホテルに泊まっています。一日だけ、これからいったいどうするか決めるまでだけどね。この町には長くいたとしても一週間ぐらいでしょう、だからみんなまだ手紙を

＊3 一九四一年MNR（民族革命運動）の創設に関与し、五二〜五六年の大統領就任期間中にボリビア革命を推進し、普通選挙・鉱山国有化・農地改革を実現した。その後も断続的に三度にわたって大統領に就任、八五年以降の最後の任期に際しては新自由主義的経済政策のレールを敷いた。二〇〇一年死去。【訳註】

書いていないんだったら（まだ領事館に行ってないんですが）、僕らがリマに行くまでは書く意味がないですよ。リマにはあと一週間から半月中には着くだろうから。列車が到着するまでのラパスの眺めは最高でしたが、今日は近くから見たこの町がどんなふうか見てみるとしましょう。みなによろしく言ってください。それから母さんには抱擁を。ではまた。」

◆

エルネストからの便りがないのと、ボリビアで反乱が起こったという新聞の報道を読んで私たちが心配しているところへ、もう一通の手紙が届いた。

◆

「ラパス（一九五三年）七月二四日

父さん

ご無沙汰してしまったのは、カリーカを僕の助手にして錫鉱山で一カ月間医者として働くという仕事の返事を待っていたからです。（僕らに仕事をくれることになっていた）その医者から音沙汰が無く、僕らとしてもここで空しくお金を使っているわけにはいかないので、諦めることにしましたが。ここに残ることができなくてちょっとがっかりしています。この国はすごく興味深いし、特に激動の時代を生きているわけですから。八月二日に農地改革が行われることになっていて、国中で大騒動になっている様子が報道されています。僕たちも、モーゼル拳銃とピリピッピー[*4]で武装した人びとがわけもなく発砲して歩くという信じられないような行列を見ました。毎日毎日発砲する音が聞こえ、火器によるけが人や死者が出ています。

政府はほとんど完全に機能を失っており、農村と鉱山の大衆をくい止めるどころか、うまく誘導することもできなくなっているのは明らかですが、民衆のほうはある程度行動に責任をもっていて、ファランヘ党（野党）の武装蜂起が起きれば、大衆がＭＮＲ（民族革命運動）側に付くことは確実です。

ここでは人命はほとんど尊重されておらず、たいして騒がれることもなく人が殺されたりしています。そんなわけで、中立的な第三者にとっては状況はとても興味深く見えます。それにもかかわらず、あれこれ言い訳を考え出しては、みんなできれば自分とは関係ないという態度で事態を捉えようとしていて、僕らもその同類なのです。」

◆

エルネストは、このボリビア滞在の段階では、当分はパス・エステンソロ政権が倒されることはないだろうと考えていた。当時の新聞は、政府が計画中の農地改革が原因で右派による反政府暴動が起きるのは確実だとしていた。

◆

「ここの人たちは僕たちを暖かく迎えてくれ、アルゼンチン人もボリビア人もみな、僕たちの旅に何かしら興味を持ってくれました。今はベネズエラに入国するためのビザ取得の手続き中ですが、ビザがとれるかどうかはまだはっきりしていません。エクアドルである程度名の通った人を誰か知っていたら、リマのアルゼンチン領事館に僕宛で住所を知らせてください。きちんと食餌療法をしていないというのに、体調はいたって良好です。手紙を書いてくださいね、リマでは何か新しいニュースがあるかもしれ

＊4 おそらく音を真似てのことだと思われるが、パラグアイ人やボリビア人は自動小銃のことをこう呼んでいた。

ないし。家族のみんなに抱擁を。ではまた。ミロンガ[*5]へのお誘いがきたので、この辺で。」

◆ボリビアのエルネスト

エルネストは、友人のカリーカ・フェレールとブエノスアイレスを出発してから、米州のかなりの場所を旅していた。ボリビアには数カ月の間滞在していた。当時この国を統治していたのは、いくぶん社会主義的傾向をもった軍人、パス・エステンソロだった。大衆の支持を得てはいたが、本物の革命家であったとは決して言えない。しかしながら、このさんざん打ちのめされた国にすでに資本を投下していた国際大企業連合[*6]は、パス・エステンソロというポプリスタ[*7]の存在を快く思っていなかった。労働者階級、とりわけ鉱山労働者に対する政権からの支えが強い効力を持つようになれば、この大衆が外国の資本主義を攻撃する前衛隊となりかねないからだ。先進諸国の新聞にはこの件に関する意見が載せられていた。ボリビアの首都には、革命前夜の空気が満ち満ちていた。パス・エステンソロは、扇動政治家的な軍人が皆そうであるように、自分がどの程度まで大衆をコントロールできるのかを知らないまま、大衆を鼓舞していた。

そんな折に、エルネストはカリーカ・フェレールとともにボリビアにたどり着いた。数日もすると二人はこの国が抱える政治的・社会的問題を理解した。武装蜂起に立ち会えないことに落胆しながら北へ向けて出発する前に、母親に宛てた手紙の中で、パス・エステンソロ政権は確固とした勢力を維持していること、そして自分はペルーに向かって旅を続けることに決めたということを書いている。

カリーカ・フェレールもエルネストも、旅行に関するたくさんの逸話を交えた手紙をボリビアから私たちに書いてよこした。ラパス在住の反ペロン主義者である、トゥクマン州出身の金持ちの家にかなり頻繁に出入りしており、そこではアルゼンチンの政治が話題になっていて、ペロン大統領の政権について手厳しい批判が行われていた。ここでの会合の常連にはリカルド・ロホ博士もいて、博士はここでカリーカやエルネストと知り合ったのだった。

二人が北へと旅を続けるとき、ロホも同じルートをとったが、交通手段——二人の場合、徒歩か、ヒッチハイクだった——は別のものをとった。こうして、リマ、エクアドル、ニカラグア、グアテマラ、そしてのちにはメキシコで、ロホは二人と顔を合わせることになった。

チェは母親宛の手紙の中で、ロホの政治的な立場には全く反対である、とはっきり述べている。それにもかかわらず、ロホはエルネストの旅行の最後までついて歩くことになる。[*8]

（カリーカ・フェレールの話を続ける。）

＊5アルゼンチンでいろいろな音楽に合わせてダンスを踊る大衆のパーティのことを指していた。

＊6ボリビアでは、軍部によるクーデターが立て続けに起きていた。一人の大統領が二年以上政権の座にあることは稀であった。

＊7ゲバラがラテンアメリカ地域を旅行していた当時にとりわけ顕著であった、大衆を基盤とした政治運動。カリスマ的な指導者が、労働者ばかりか中産階級や一部の上流階級の支持を背景に、反帝国主義・民族主義的な路線の下で、一定の社会変革的な政治を行なうことを特徴とする。本書でもたびたび言及されるアルゼンチンのペロニスモ、ペルーのアプリスモ、ボリビアのMNR（民族革命運動）、ベネズエラのAD（民主行動党）などがこの時代の典型例だが、ゲバラは後に、階級調和を重視するこの路線と決定的に分岐し、キューバの「七月二六日運動」に加わることになる。英語ではポピュリストという。【訳註】

＊8本書の編者であるゲバラの父は、明らかに、リカルド・ロホを快く思っていない。それは、ゲバラの死後すぐにロホは『わが友ゲバラ』という本を著わしたが、編者からすると、それは虚偽に満ちたものであったからであろう（日本語版は、伊東守男訳で早川書房一九六八年刊）。以下、編者註にも、その思いが窺える。【訳註】

乗合バスに乗っての旅

「結局ペルーへの旅を続けることになりました。ティティカカ湖にたどり着いて、せっかくの機会だから有名な太陽神殿がある島に行ってみました。

先住民のカヌーを借りて、同じく先住民の漕ぎ手も雇いました。目的の島は岸からずいぶんと離れていました。出発したときはとても寒かったものの良い天気でした。やがて波が立ち始め、強い風が巻き起こって、湖は荒れ狂う海に姿を変えてしまいました。

神殿を訪れて、もとの岸に戻ろうというときに、波との激しい格闘で憔悴しきっていた船頭が、役目を放棄してオールを投げ出してしまったのです。それで僕たちは自分でこぐ羽目になり、休みなく漕いでどうにか出発した岸まで戻ることができましたが、手の皮が完全に剝けてしまいました。

それからしばらくして国境を越え、ペルーの都市プーノへと向かいました。

節約を続けるために、二等車で旅行することに決めていました。切符売り場に行ってクスコまでの二等車の切符を頼みました。切符売り場の男は驚いて顔を上げ、こう言ったのです。『だんな《セニョーレス》、あんた方は二等では旅行できませんよ』

『でも私たちは二等で旅行したいんですが』と僕が答えました。

男は『しかしそんなふうに旅行をなさると危険ですよ』と言い張って、僕らに二等の車両を指で示したんですが、それは正真正銘の家畜用車両で、中ではコジャの人びとが大勢ひしめき合いながら待っていました。

『ほらね』と切符売りは言って、自分の主張を強調するために、こう付け足しました。『ときどき、錠を開ける係の人夫が駅へ着いても開けるのを忘れちまって、そうなると乗客は前の駅まで歩いて戻らなくちゃならんのですよ』。

　実際、車両は錠前で閉められていました。

『どうです、こんなふうに旅をするのは畜生かこいつらコジャだけですよ』。

　切符売り場の近くには、だんだん声高になっていくこの会話に聞き耳を立てている二人の人物がいました。彼らのうちの一人が礼儀正しく割って入って、こう言いました。

『だんな《セニョーレス》、無理強いはおやめなさい。あなた方は二等では旅行できませんよ』。

　切符売りの強情のせいで頭にきていた僕は、怒り狂ってその人に叫んだんです。『うるさいんだよ、俺たちはなんでもかんでも二等で旅行したいって言ってんだ、お前らは黙って……！』

『まあまあ』と口を挟んだ男が答えました、『何も汚い言葉を使うことはないでしょう、私はただあなた方を助けてあげたいだけなんだ、我々は……（そう言いながら上着のポケットから手帳を取り出して）……警察の者でしてね』。そしてこれみよがしに身分証明書を示したんです。

　そこで言い合いは終わりになって、僕らは二等で行くのを諦め、一杯ごちそうするからと警官たちを誘って、すぐに僕らは昔からの仲間のようになってしまい、この新しい友達を道連れに、旅を続けることになりました。数時間の鉄道の旅ののちにクスコに到着し、僕らは安食堂に食べにいきました。」

◆

その頃、エルネストから母親宛に手紙がもう一通届いた。

―「クスコ、（一九五三年八月）二二日―

封筒の表をようく見てよね、母さん[*9]
もう一度クスコに舞い戻ってきました、今回はちょっぴりダンディに。でも感慨は違います。アルベルト[*10]は芝生に寝ころんで、インカの姫君たちと結婚し、帝国を取り戻そうと夢想していたものです。カリーカはというと、空を見上げてくっきりと輪郭を描く大聖堂でも眺めればいいのに、汚い汚いと文句を言い、道にぽつぽつと落ちている途方もない数の人糞を踏んづけては自分の汚い靴を見つめています。カリーカには、クスコを形作っている、クスコ独特の微妙な物質のにおいが感じられないんです、彼に臭うのは食べ物と糞ばかりで。気性の問題でしょうね。
（ボリビアを）出て行く、出て行った、まだ行っていない、などなどと、明らかに矛盾した文面で手紙を書き送りましたが、それは、ボリビアの外から僕らの便りを受け取っていると思ってもらう必要があったからなんです。今にも反乱が起ころうとしていて、僕たちはその反乱を近くで見るためにボリビアに残りたいという健全な意図があったんです。でも残念なことに反乱は起きず、政府軍のデモを見るにとどまりました。いろいろ言われてはいますが、僕は、この政府はしっかりした基盤を持っていると思いますよ。[*11]
もうちょっとで、ある鉱山に働きに行くことになるところでした。でも一カ月以上滞在する気持ちにはなっていなかったし、少なくとも三カ月以上という条件だったので、やめにしました。
その後でティティカカ湖畔とコパカバーナへ行き、太陽の島で一日過ごしました。インカ時代の有名な神殿で、そこでは僕の探検家としての熱望のうちの一つがかないました。先住民のお墓の中に、小指ほどの大きさの小さな女性の像を見つけたんです。ちっちゃいと言ったって、やはりあの有名なチョンピというインカ人の合金でできた偶像には変わりないんだから。

国境[*12]に着くと、交通手段がなかったので二キロほど歩かなければならず、僕は爆弾も同然の本がいっぱいに詰まった旅行カバンを一キロほども運ぶ羽目になりました。二人ともへとへとになりながらたどり着きました。さながら、疲れきった荷担ぎ人夫風情といったところです。

プーノの税関では、アカの本だからと言ってボリビアの本を一冊没収されたせいで、ごたごたが持ち上がりました。学問的な書物だからと言ってもどうしてもやつらを説得することができませんでした。

僕のこれからについては母さんには何も言いません、だって僕も何も分からないんだから。ベネズエラでどういうことになるのかも分かりません。でもとりあえずはもうビザを手に入れました……ずっと先の話をすれば、僕は意地でも一万USドル貯めて[*13]、たぶんラテンアメリカをめぐる旅行をもう一回するかな、でも今度は北から南へ、アルベルトと一緒に。それから、ヘリコプターでね。その後はヨーロッパに行って、その後は、どうするかな。」

◆

この手紙の中でエルネストは二人の親友、アルベルト・グラナードとカルロス・フェレールについて、そ

＊9手紙は確かに仰々しいスタンプが印刷された封筒で届いたのに違いない。おそらくはどこかの一流ホテルの名前だろう。
＊10アルベルト・グラナードとは、一九五二年にすでにクスコに来ていた。
＊11ここでは、彼がボリビアから出した手紙の中では、いつまで滞在するのかや、なぜ出発しないのかを一度も具体的に書かなかったので、私たちのほうは外電で伝えられてくる武装蜂起を予告するニュースのせいでとても心配していたことに言及している。
＊12ボリビアとペルーの国境。
＊13おそらくエルネストは旅行できるように貯金しようとしていたのだろう。

れぞれの振る舞いやものの見方を明らかにしている。この旅行の一部は彼らとともにしたのだ。グラナードとは一九五二年にクスコを通りかかり、一九五三年にはフェレールとやってきた。

◆

ティタ・インファンテ宛の手紙

「リマ、(一九五三年) 九月三日

ティタ

僕の達筆であなたに手紙を書かなければならないとは恐縮です。タイプライターが手に入らなかったんだから仕方がない。まあ、いつか暇な日にでもこの手紙を読むのに専念してもらえるといいんだけど。

本題に入りましょう。お友達のフェレイラさんに、ボリビアの学校への紹介状をどうもありがとうとお伝えください。モリーナ先生はとても親切に接してくださり、僕と僕の旅の道連れのことを気に入ってくれたみたいです。僕の友達にはあなたも僕の家で会っていますよね。先生はすぐに、僕には鉱山の医者としての、カリーカには看護士としての仕事をくれました。僕たちはこの仕事を受けることにしました。ただし、三カ月は残って欲しいと言われたのを一カ月にしてもらってね。すべて準備が整い、すっかり親しくなって、細かいことは翌日に会って決めようということになりました。次の日になってみると、モリーナ先生は鉱山地帯へ視察に行ってしまっており、二、三日しないと戻ってこないと分かり、僕たちはどんなに驚いたことか。その二、三日が経った後で行ってみましたが、モリーナさんからは何の連絡もなく、それでも二日以内には戻ってくるという話でした。彼に会いにどれだけ通い詰めたことか、数え上げたらきりがないでしょう。結局、二十日経っても戻ってこなくて、僕らとしてももう、一カ月もいられなくなってしまいました。全部で二カ月も無駄にすることになってしまいますからね。

そういうわけで、ウォルフラング鉱山の責任者宛に一筆書いてもらって、そこへ二、三日行って来ました。この鉱山は大変興味深く、それに何といってもまわりの景色が最高でした。旅行した甲斐がありましたよ。

ラパスでは食餌療法とかそんなめんどくさいことをすっかり忘れてしまったんですが、それなのに一ヵ月半の滞在中、体調は抜群でした。ユンガスなどの、首都からいくらか離れた近郊の町をいくつか訪ねてみました。ユンガスは、目を奪われるような熱帯の渓谷です。でも、興味深くて引き込まれてしまったのは、この国の政治的展望を見渡すことでした。実際、非常におもしろいんです。ボリビアは米州諸国に対して実に重要な見本となった国なんです。僕たちは政治闘争の実際の舞台とか、銃弾のもちろる効果とか、この間の革命で死んだ男の遺体とかまで目のあたりにしました。この死体は、ついこの間雪びさしの上で発見されたのですが、腰につけていたダイナマイトの弾薬筒が爆発したせいで、胴体がそこまで飛ばされたんです。つまるところ、死にものぐるいの戦いだったんですね。ここの革命はブエノスアイレスなんかの革命のやり方とは違う。二、三〇〇〇人とも言われる死者が（だれも正確な人数を知らないんだ）野ざらしになったままです。

戦いはいまなお続いていて、毎晩のようにどこかの党派の人が銃弾によって負傷しています。でも政府は武装勢力の支持を得ていないので、外国の武装勢力がこの国の政府を倒す可能性はなく、倒されるとすれば、内戦によってのみでしょう。

ＭＮＲ（民族革命運動）は、ある程度はっきりした政治的傾向を持つ三つの勢力の連合体です。一つは、ボリビア革命の英雄で、現副大統領のシレス・スアソに代表される右派勢力。パス・エステンソロによる中道派は、おそらく最初のと同じくらい右寄りなんですが、実に微妙な勢力です。それから左派を率いているレチンは、真面目な要求を掲げている運動の指導者だというのは紛れもない事実なんですが、本人は成り上がりで女好きな、お祭り野郎ですよ。たぶん、最終的に政権を掌握することになるのは、武装した鉱山労働者の強い支持を得ているレチンのグループでしょうが、とりわけ、軍部が再編成されようとしている今のようなときは、政府内にいる彼等の同志による反発は、深刻なものになるでしょう。

さてと、あなたに少しばかりボリビアの展望についてお話ししましたが、ペルーについてはまた後で、もう少しここに住んでみてからということにしましょう。でもざっと見た感じ、ペルーにとって米国の支配は、たとえばベネズエラのような国で見られるにせものの経済的豊かさすら、意味してないようです。

僕自身のこれからの予定については、どこに向かうかもうひとつはっきりしていないし、ましてや時間的なことに関しては全然分かりません。キトまで行って、そこからボゴタに向かい、その後カラカスに行こうと思っていましたが、途中でどうなるかはさっぱり分かりません。ここリマには、またもやクスコ経由で入りました。

くどいようですが、できればすぐにでも、あのあたり、特にマチュピチュには行ってみることをお勧めしますよ。絶対後悔しないこと請け合いですよ。

僕が出発してからあなたは五科目はパスしたでしょうね、それに相変わらず排泄物の中の虫けらの採集なんかを続けているんでしょうね。まあ、専門は好き好きだとは思うけど、もしいつかあなたがその下水溝にこもったみたいな仕事をやめて世界を知る仕事に変わる日が来るなら、

この男のことを思いだしておくれ
君のために命を賭ける運命のこの男のことを
そのときがきたなら
なんとしても君を支えるために[*14]

あなたに抱擁を、それからあなたが僕に手紙を書こうと思い立って、僕がその思い立った先にたどり着くそのときまで。

エルネスト」

◆

（カリーカ・フェレールの話の続き）

「エルネストの笑い声というのは、どこでも聞いたことのないような、伝染しやすいものでした。ボリビアとペルーとの国境にたどり着いたとき、僕たちは本がいっぱいつまった古いトランクを持っていました。僕たちはケチュアのインディオを二人雇い、そのうちの一人がそのトランクを運ぶと言ってくれました。税関に着くまでには、結構な距離を歩かなくてはならなくて、二キロほどもあったでしょう。トランクを運んでいたインディオはやせた小男で、どうにかこうにか運んでいるという感じでした。何回も何回も落

＊14タンゴの楽曲。

っことすし、もう一人のインディオは別のカバンを運んでくれているしで、結局僕たち二人が手伝ってやらなければなりませんでした。

この行軍は、なんだか可笑しなものになってしまいました。トランクはがたがた揺れて、インディオが肩に載せて運んでいるというよりは、地面を引きずっている格好でした。みんなそれがおかしくて、僕の記憶ではエルネストが最初に笑い始めたんですが、それがトランクを運んでいたインディオにもうつって、彼には無理な荷物だったものだから、あんまり笑いすぎでよたよたになって、トランクもろとも地面にひっくり返ってしまったんです。

インディオがそんなふうに笑うのを見たのは、それが初めてでした。

ラパス滞在中に、突然ゆっくりシャワーが浴びたくなりました。ただ単に垢だらけだから、お風呂に入れたらなあなんて考えていたのです。エルネストは僕より自制心が強いので、お金の管理をしていたのは彼でした。もちろん彼自身の食餌療法も誘惑に負けることを許さなかったから、それで彼が財布を握るのを僕のほうでも認めたんです。

お風呂に行くからお金をくれというと、そんなのは無駄遣いだから自分だったらお風呂なんかに行かない、と言うんです。清潔より、食い物のほうが先だからな、とね。僕たちは余分なお金は持っていなかったものですから。

僕が食い下がったので、エルネストは僕の分をくれました。

まもなく、僕は熱いシャワーをたっぷり浴びて、とてもすがすがしい気分で戻ってきました。エルネストは、近くのバルでビスケットを食べながらカフェオレを飲んでいました。

熱いシャワーを浴びたせいで、僕は猛烈に食欲がわいていました。エルネストがいるのに気がついて彼の方を見たんですが……、僕にはもうその余分な出費をする分が残ってなかったんです。でもあいつは気の毒がって、自分の分を少し分けてくれました。

エルネストの体の調子がいいときは、つまり喘息が出ていないときは、彼はいくらでも食べ物が入っていくし、そういうときは本当に大食いになってしまうんです。エルネストは、まるでラクダみたいなことをやっていました。食いだめをしてたんです。ラクダは、砂漠を横切らなければならないとき、前もってすごい量の水を飲んでコブのなかに蓄えておくといわれていますよね。エルネストはいつでもそんなに余計に食べられるわけではないものだから、食べるときは、何日分かをまとめ食いしているかのような食べっぷりでした。

インディオをひとり連れてボリビアの高原《アルティプラノ》を旅していたときのことですが、道端の食料雑貨店に行き当たって、エルネストが鰯の缶詰をひとつ買いました。缶を開けると、油が吹き出しました。そんなひどい物を彼らは食べようとするので、馬鹿な真似はやめるように言ったんです。僕の言うことには耳も貸さず、インディオとエルネストは一缶を平らげてしまいました。

僕は困ったことになったと思いました。僕も医者の息子だし、中毒をおこすかもしれないあんな物を食べてしまうなんて、どんなに危険なことか分かってたからです。あんな寂《さび》れた地方では、医者に見てもらうこともできないのに。

でも、インディオもエルネストもなんともありませんでした。その代わり、僕がお腹をすかせたままになってしまいました。エルネストも僕と同じくらい、自分の冒している危険を知っていたのですが、ただ食べたかったから鰯を食べてしまったのです。

ペルーの首都リマでは、ある看護婦と友達になりました。彼女の兄さんは「見習闘牛士《ノビジェーロ》」で、闘牛術の階級で言うところの闘牛士の一つ下でした。僕らはすぐに兄さんと仲良くなりました。エルネストと二人して、闘牛士ファッションでお互いの写真を何枚も撮りました。

ある日の午後、当日闘牛をすることになっていた看護婦の兄さんと一緒にいるときに、エルネストは突然の思いつきで闘牛士の三角帽子をかぶり、颯爽と歩き回ってから帽子をベッドの上にほうり投げました。「見習闘牛士」は飛び上がりました。ああいう人たちがとても迷信深いのはよく知られていることで、ベッドの上のソンブレロというのは不運のしるしなんです。その気の毒な男はその日闘牛をすることになっていたものだから、大声をだしてありとあらゆる汚い言葉でののしり、今日の午後は闘技場《アレナ》には入らないからな、と断言しました。本当にその日の午後は闘牛をしなかったようですよ。」

乏しい交通手段（わずかなお金とたびたびのヒッチハイク）を駆使して、カリーカとエルネストはグアヤキル［エクアドル中部の、太平洋岸に面した港湾都市］まで旅を続けた。到着は一〇月二日であった。そこで二人はリカルド・ロホに出会う——どうやら、自分の懐具合に応じた交通手段を使ってではあるが、二人の旅行をつけていっていたようだ——。ロホはアルゼンチン人の行きがかり上の友人数名と連れ立っていて、一緒に粗末な宿屋に泊り込んでいた。そのアルゼンチン人というのは、ラプラタ大学の法学生アンドリュース・エレーロ、アンドリュースの学友のエドゥアルド（グアロ）・ガルシーア、それにもう一人の大学生オスカル・バルドビノス。カリーカとエルネストの到着で、四人組《カルテット》は六人組《セクステット》となった。

グアヤキルで友達のカリーカ・フェレールは別れていき、ベネズエラへの旅を続けた。

◆

グアヤキルからのエルネストの手紙

「グアヤキル、(一九五三年) 一〇月四日
父さん
僕たちの旅は、もちろんのんびり旅行ですが、でもどんどんおもしろくなっています。ボリビアではリカルド・ロホと知り合いになりました。四カ月ぐらい前に、ある警察署から有名な脱走をやってのけた、急進派の指導者です。後でペルーでも会い、グアヤキルでは[*15]、お金の面で一冒険してやろうとグアテマラ方面に向かっている法学生と、一緒にいるところに出会いました。六人で学生風の結束の固い群れをつくって、一緒の宿屋に泊り込み、一日に何リットルものマテを飲みました。おかげで、この港町で数日ぐずぐずしてしまいましたが、あさってにはもうキトに向けて出発すると思います。キトでは、ベラスコ兄貴か、彼の密告者にでも接近してやろうと思っています。」

◆

この手紙を、エルネストはこのように結んでいる。

◆

「ここでは、ペルーの息が詰まりそうな空気とはまったくちがった、人びとの自由という心地よい空気が流れています。ペルーでは、ありとあらゆる利権と引き替えにつけた味方が提供してくれる武力を頼

＊15エルネストが言及しているリカルド・ロホ博士は、チェについての著作のなかで、自分がこの旅行でエルネストの連れであったと書いている。この手紙の中では、ロホについてエルネストははっきりとこう述べている。「ボリビアではリカルド・ロホと知り合いになりました。……僕たちは、彼とは後でペルーでも会い、グアヤキルでも出くわしました」。複数形で書いているのは、一緒に旅していた友人のカルロス・フエレールにも言及しているからで、フエレールに尋ねたところ、ロホは彼らとは一緒に旅しなかったと断言している。二人がロホと顔を合わせていたのはラパスの政治会合で、ラパスを出るときにはロホは二人と別れている。その後では、どこかの都市へたどり着いた折にロホに再会しているが、彼自身は決して成り行き任せに危険を冒すような旅行はしなかった。

りに、民衆の支持を全く得ていない政府が存続しているのです。」

政治・社会的な視点から、エルネストとカリーカ・フェレールがオドリーア将軍の政権に賛同していなかったのは明らかであり、数日のうちに二人は、貧しい交通手段を用いて（徒歩またはヒッチハイク）、グアヤキルまでやってきた。

◆

「ペルーでは、ありとあらゆる利権と引き替えにつけた味方（北米人）が提供してくれる武力を頼りに、民衆の支持を全く得ていない政府が存続しているのです。」と書いた時、エルネストは実によくオドリーア政権を見抜いていた。

これは、ペルー政府を痛烈に評した文章であるが、ペルー政府は、米国の権力を代弁している他のラテンアメリカ諸国の多くの政府と大差ないのだ。

世界中が知っていることだが、米国は下僕となっている国々の政府に対し、ただで好意的な態度をとることはない。いつも代償を要求し、その代償は民衆が汗と血で支払っているのだ。このことに関しては、エルネストとカリーカはペルーで何も新しいことを学ぶことができなかった。そういう統治のシステムというものは、十分すぎるくらい知っていたからだ。

◆

グアヤキルからは、エルネストから母親に宛てたもう一通の手紙が届いた。

「グアヤキル　（一九五三年一〇月二一日）

僕の百パーセント冒険的な新しい状況から言って、母さんがいつ読むことになるか分からないこの手紙を書いています。最後に手紙で近況を知らせてから、ものすごくいろんなことが起こったんです。

ずばりこういうわけです。カリーカと、ガルシーア（堀出しもののうちの一つです）と僕は、ちょっとアルゼンチンのことを懐かしみながら歩いていました。パナマに発つことのできた仲間の二人はどんなにいい思いをしているだろうかということを話したり、XX氏とのすばらしい面談のことなんかを話していました。母さんからもらったこの守護天使のことについては、また後で書きますね。どういうことかというと、ガルシーアが何気なく、自分たちと一緒にグアテマラにいかないかと誘ってきて、僕としては気持ちの面で、その誘いを受け入れる特別な準備ができていたんです。[*16] 翌日に返事をするという約束だったカリーカが行くといったので、米国の面汚しになっている国に行く候補者が新しく四人になりました。でもそのときから領事館での僕らの不運が始まり、パナマのビザをとるために毎日泣きついていました。ビザさえあれば良かったんです。あの手この手を使い、そのたびに期待が高まったり落ち込んだりしながら、結局彼らのほうではノーということに落ち着きそうでした。母さんの買ってくれた服、母さんの名作、母さんの大事な大事な真珠、みんな取り引きのなかで英雄的な死を遂げました。そして、僕の荷物の中にあった不必要なもの全部も同じ目に遭い、三人組[*17]の本当にぎりぎりの（ため息がでるよ）経済状態をもたせるために、荷物はうんと減りました。

具体的にはこんな計画です。ちょっと友達になった船長が、僕らが必要としているインチキに手をか

＊16エルネストにグアテマラ行きを持ちかけたのはグアロ・ガルシーアであって、リカルド・ロホではないことを特記しておきたい。
＊17三人組はグアロ・ガルシーア、アンドリュース・エレーラとエルネストに減っていた。カリーカはブエノスアイレスを発った時から考えていたとおり、ベネズエラに向かう旅を続けることに決めた。

すと言ってくれれば、ガルシーアと僕はパナマに行けるでしょう。その後は、先にグアテマラに行った人たちが力を合わせてくれれば、またそれに加えて、グアテマラの人びとが協力してくれれば、借金のかたとして取り残されるもう一人（エレーラ）を引き入れてくれるでしょう。もし例の船長がへまをしたら、僕ら二人組は、ここに永久に借金の担保を残したままコロンビアに向かうことになってしまうでしょう。そしてそこからグアテマラへと出発することになるでしょう。道中、神様が見過ごしてくれれば、の話ですが。

グアヤキル、二四日。さんざ行ったり来たり、電話したり、それに加えてインチキもしたりしたあげく、パナマのビザを手に入れました。明日の日曜日に出発し、二九日か三〇日にはパナマにいることでしょう。急いで領事館に手紙を書きました。

エルネスト」

第二章　「グアテマラほど民主的な国はない」

再び旅に出る

エルネストが手紙の中で書いているように、彼とグアロ・ガルシーアは一〇月の二九日から三〇日の間にパナマに到着した。

そこで、先にユナイテッド・フルーツ社[*1]の船フロタ・ブランカに乗ってグアヤキルを出ていた、オスカル・バルドビノスとリカルド・ロホと落ち合う予定だった。しかし、二人を見つけることはできず、まただれも、二人についての情報を持っていなかった。戻ってくるかもしれないと思い、数日間待っていたが、時間はどんどん経つし、お金も底をついてくるしで、待ちくたびれて、向こうで会えるかもしれないと期待しながら、コスタリカのサンホセに向けて出発することにした。

金銭的にあまりにも苦しくなっていたので、滞在していた宿屋に担保としてカバンを一つ置いてくる羽目

＊1中南米の産物バナナは、一九世紀後半以降、米国への輸出が本格的に行なわれるようになった。米国企業はバナナの生産・輸送・販売を一手に独占するようになり、一八九九年コスタリカに基点が設立されたユナイテッド・フルーツ社（現在、ユナイテッド・ブランズ社）は中米やコロンビア、エクアドルに進出し、「バナナ帝国」と呼ばれる巨大な利権構造を確立した。【訳註】

になってしまった。

グアロ・ガルシーアとエルネストがコスタリカのサンホセにたどり着いたときは、有り金をほとんど使い果たしていた。そこでもロホとバルドビノスに会うことができず、待ちくたびれて飽き飽きしてしまった二人は、ヒッチハイクと徒歩でグアテマラへの旅を開始した。

一二月に私たちはコスタリカのサンホセで出されたエルネストの手紙を受け取った。

◆

「一九五三年一二月一〇日
サンホセ、コスタリカ
おばさんへ
これまでの人生でも全然正反対のことを決めたりすることの多かった僕ですが、ついに勇敢にも自分の荷物を打ち捨てて、リュックをかついで友達のガルシーアとともに、ここまで僕らを運んできた曲がりくねった道に足を踏み出しました。エルパソではユナイテッド・フルーツ社の所有地を通りかかる機会がありましたが、この貪欲な資本主義連中がどんなにひどいやつらか、改めて実感しました。僕は、年老いて嘆き悲しむスターリン同志の肖像を前に[*2]、こいつらのようなごうつくばりの資本主義連中が一掃されるまで、休みなく戦い続けることを誓いました。グアテマラでは、正真正銘の革命家になるためにまだ欠けているところを補い、最後の仕上げをしようと思います。
伝えておきますが、僕は医者であるばかりでなく、新聞記者や講師でもあるので、(わずかながらも)米ドルを稼ぐことができるでしょう。

おばさん用のおまけをくっつけた抱擁を送ります。それからキスも。おばさんのことを思っています。鉄のような健康体と、空っぽの胃袋を持ち、社会主義の未来に輝かしい希望を抱いている、この甥っ子より。

チャオ
チャンチョより」

◆

エルネストが伯母宛てに手紙を書くときは、いつもこの調子だった。伯母は共産主義とは全く無縁な人だったので、彼女を怖がらせてやろうと、ブルジョア狩りのような調子の、しかし同時に冗談づくめの手紙を書いてよこしたものだった。グアテマラで「正真正銘の革命家になるためにまだ欠けているところを補」うのだと言い、お別れを言うときには、自分がいつでもお腹いっぱいの状態にあるわけではないこと、しかしその一方で、いつも変わらず「社会主義の未来に輝かしい希望を抱いている」ことを、念を押して述べている。

そして「チャンチョ」と、友達の何人かが冗談で彼を呼んでいたあだ名で署名している。この手紙ではもう、医学のことも書かなければ、考古学についても、遺跡についても書いていない。そのころ彼が興味を持っていたのは、徐々に知るようになっていっていた低開発諸国の社会・政治状況であった。たとえばこの国、コスタリカなどは、バナナ輸出と砂糖生産を行なう巨大企業であるユナイテッド・フルーツ社に経済を左右されており、ドルの力で国土を買収されていたのだ。

＊2この年の三月五日に、ソ連首相スターリンは死去していた。【訳註】

コスタリカのサンホセに滞在中、彼は世界的に有名な二人の人物と話をする機会に恵まれた。ベネズエラの大統領であったロムロ・ベタンクール博士と、ドミニカ共和国の大統領であったファン・ボッシュである。後にファン・ボッシュは、四万二〇〇〇の米海兵隊の侵攻に後押しされた、時の軍部の一将校主導の軍事クーデターによって政権を打倒されたことで、世界的に同情をかうことになる。

ごく近年のことになるが、一九八二年に、私はキューバでファン・ボッシュ元大統領と会見する機会を得た。彼は若いアルゼンチン人医師エルネスト・ゲバラ・デ・ラ・セルナとの会見を完璧に記憶していて、エルネストとの会話は、彼が米州についての深い政治・社会的知識を持っていることを如実に物語っていたと、その時の印象を私に語ってくれた。

◆

エルネストから母への手紙

「グアテマラ市、(一九五三年)一二月二八日

母さん

とうとう目的地に着きましたが、とても大事な岐路にぶつかっています。ここでは、アルゼンチン人は期待していたような待遇を受けていなくて、いろんな意味で不満があるからなんです。もし何もかもうまくいったら、二年ぐらいここに滞在するつもりですが、これはと言える可能性がないようなら、だいたい六カ月ぐらいの滞在になるかと思います。

サンホセを出発してから道の許す限りヒッチハイクし、それから後はニカラグア国境まで五〇キロほど歩きました。何せ、あのあたりのパンアメリカンハイウェイを通るルートは夢のような美しさですからね。前の手紙で母さんにも話したあの事故[*3]のせいで、かかとの具合が悪かったものだから、道中ほん

とに最悪な状態だったんだけど、同じ川を十回くらいも歩いて渡ったり、絶えず降っていた雨でびしょ濡れになったりしてながらも、国境にたどり着きました。そこで僕らは、北のほうへ乗せていってくれるトラックか何かが通りかからないかと、一日待っていました。ニカラグアにはいい道路があるからです。もういい加減あきらめかけて、徒歩での旅を続けようと決心したころに（僕にはどう間違ったって治せっこないんだけど、おばあさんが骨つぎの手当てをしてくれたおかげでかかとはだいぶ良くなってきていたんだ）、ボストン大学の派手なプレートをつけた車が現われました。警戒しながらも、《グリンゴ》たちに助けを求めようとしたところ、いきなりあの急進派の亡命者、太っちょロホのものすごい髭面が姿を現わしました。ロホはベベラッジ・アジェンデ兄弟と一緒に陸路コスタリカを目指していました。アジェンデ兄弟の名前は父さんなら聞いたことがあると思うよ。ペロンが彼らのうちの一人のために市民権を取得してやったとき、政治的にずいぶんと名をならしたものでしたから。もちろん、道の状態からいってとても現実的とは言えないこの旅を、彼らはすぐに諦めました。そして、マテ茶と焼肉《アサード》のパーティをしましたが、そんなとき僕は狂信的な愛国主義者になったような気がしてしまうんです。

マナグア［ニカラグアの首都］に到着し、そこで、いつもなんでそんなことばかりするのか、父さんからのくだらない電報*4に出くわしました。たとえ死にそうになっていても、ぜったい父さんたちにお金を無心したりしないってこと、もうそろそろ分かってくれてもいいと思うんだけど。もし手紙が届かないようなとき

*3友人のガルシーアとトラックに乗って旅している最中に、トラックがひっくり返って、エルネストは足を脱臼したか、おそらくは骨折している。
*4どんな様子でいるのか、またお金を送ったほうがいいかどうか返事をくれ、という私が送った電報のことをいっている。

があれば、ちょっとがまんして待っていてください、切手すら買えないようなときだってあるんです。でも元気でやっているし、いつだってどうにかこうにか切り抜けているんだから。もしすごく心配なことがあったりしたら、電報に使うお金でお酒を飲むか何かそんなことでもしてよ。今後は、そういうたぐいの電報には一切返事をしないからね。

マナグアからはすぐ、ベベラッジ兄弟がグアテマラで売ろうと運んでいる車で旅を続けましたが、お金が底をつきかけていたので、しまいにはクランチや懐中電灯、タイヤ、果ては、買ってくれるものならなんでも、売り飛ばしてしまいました。

僕は、ここのハンセン病療養所での仕事をもらえるかどうか、現在交渉中です。二五〇ケッツァルの給料で、午後は仕事がありません。でもこの件に関しては、まだ何もはっきりしたことは決まっていません。だけどここの人達はすごく親切だし、医者も不足していることだし、どうにかなると思います。この仕事が決まらなければ、同じ給料でたぶん田舎の方に行くでしょう、でも母さんも知っているとおり、僕が興味を持っているような古代文明の遺跡のある場所のね。

中米諸国の中で唯一訪問しがいのある国はこのグアテマラだけですが、その首都はバイーア・ブランカ[*5]と同じぐらいの大きさしかありませんし、バイーア・ブランカと同じくらい寂れています。当然のことながらどんな体制も近くから見れば色あせて見えるものですが、ここだって例外ではなく、不正や盗みも行われてはいます。それでも正真正銘の民主主義の風土と、いろんな動機でここに住みついたすべての外国人と協力していこうという雰囲気があります。僕の印象では、僕自身の専門を問題なく仕事にすることだってできるし、聞いたところによると、グアテマラ共和国にはただのひとりもアレルギー専門医がいないそうです。僕はアレルギー専門医にはなる気がありません。頭が鈍くなるし、ブルジョアになってしまうから。
さてと、母さん、みんなに抱擁を、それからそれをみんなに伝えてくれる母さんには特別の抱擁を。
ではまた。

（署名なし）」

グアテマラのエルネスト――イルダ・ガデア

一九五三年一二月二八日付けの手紙から分かるように、エルネストはついに待ち望んだ目的地にたどり着いた。一二月二〇日ごろ、ロホ、グアロ・ガルシーア、ベベラッジ・アジェンデ兄弟とともに、グアテマラの首都に入った。

数日後、のちに妻となるイルダ・ガデアに出会う。イルダ・ガデアはペルー人で、当時、グアテマラ産業振興省で働いていた。彼女は、ビクトル・ラウル・アヤ・デ・ラ・トーレ率いるペルー・アプラ党[*6]の政治亡命者だった。ラテンアメリカの多くの軍部のおきまりのやり方でペルー共和国の政権を奪取した、マヌエル・オドリーア将軍のクーデターのせいで、国を出ることを余儀なくされたのだ。

イルダは、サンマルコス国立大学の経済学部時代には大学生のリーダーを務め、後にアプラ党に入党して

【訳註】
＊5アルゼンチン・ブエノスアイレス州の都市で、首都ブエノスアイレスの南に位置し、当地域の主要な港である。
＊6一九二四年に結成された「アメリカ人民革命同盟」の略称。当初は、米帝国主義とそれに同盟する国内少数寡頭支配に反対する先鋭な方針を掲げて、大陸規模で民族主義的民衆運動に大きな影響を与えた。その後の時代状況の変化に伴い幾度もの路線転換を経ているが、この時代は、オドリア将軍治世下で非合法化された過程を経て、指導部が保守化し、支配階級との同盟を志そうとする時期に当たっていた。

からも、指導的役割を果たしていた。

エルネストのグアテマラ滞在中、イルダは長きにわたって彼と生活をともにし、彼の波乱に満ちた人生の浮き沈みを目の当たりにすることになった。裏切り者のカスティージョ・アルマスが米国の援助でホンジュラスから自国に侵攻し、ハコボ・アルベンス大統領による社会主義政権を打倒して残虐で暴力的な抑圧策を一気に噴出させてから以降の、グアテマラの政治社会面での嵐にエルネストが巻き込まれていったときのことである。

イルダはイルダで、チェとの交友関係が災いして投獄された。ペルー人であるという理由でグアテマラを脱出することができたが、それも長期にわたる苦難の末のことだった。

グアテマラで出会った人びと

チェはグアテマラで多くの革命家と知り合ったが、その中にニカラグアの著名な作家エデルベルト・トーレス教授とその娘のミルナがおり、エルネストの親友となった。

チェが後に妻となるイルダ・ガデアと一緒にした遠出の多くに、この父娘も同行し、彼らの友情は強まっていった。

このニカラグアの革命家は、グアテマラだけではなくメキシコでも、チェと行動をともにする機会があった。後に教授はサンディーノ[*7]に関する本を記すが、その付録のなかでチェの人生について簡単に書いており、エルネストをいかに高く評価していたかをことさらに強調している。

続いては、エルネストがグアテマラから書いてよこした初期の手紙のうちの一通である。その中で伯母のベアトリスに、彼女が手紙に同封したお金を受け取らなかったと伝えている。

「一九五四年一月五日

どっちにせよ、お金は僕にとってなんの意味もありません。だって、僕は相変わらずのんびりやっているんですから（一日当たりにしたら、本当にちびちびとだよ）。この国では、息をすると民主主義を胸いっぱい吸い込んで吐くことができるんです。ユナイテッド・フルーツ社を支持する新聞が必ずあって、僕がアルベンスだったらそんな恥知らずな新聞社なんか五分で閉鎖してやるんですが、言いたい放題やっていて、米国が望むとおりの風潮を作り出すのに貢献しているんです。この国のことを、泥棒や共産主義者や、裏切り者なんかの巣窟みたいに言ってね。うんといい暮らしができるような国なんかじゃないけれど、興味あることで真面目に働ける可能性がある国なんです。そしてもし僕がちょっとばかり不愉快な官僚主義を生き延びることができたら、しばらくここに滞在してみるつもりです。」

◆

一九五四年一月一五日付けの家族全員宛の手紙の中で、妹のアナ・マリーアにこう書いている。

◆

「スペイン語がからきしだめな米国人《グリンゴ》と、[8]無知なやりとりをしてるよ。僕らの間にはもう独特の言語ができていて、申し分なくお互いのことが理解できるんだ。そのグリンゴはＦＢＩに追われてグアテマラ

＊7ニカラグアの革命家、軍人（一八九五—一九三四）。一九二七年ニカラグアに派遣された米国海兵隊に対して粘り強い抵抗ゲリラ戦争を指揮し、三三年には米軍撤退にまで追い込んだが、三四年、政府の命令により暗殺された。【訳註】

に亡命してきたんだとか、彼自身FBIの捜査官なんだとかいう噂があってね。実際はすごくいかす反米論文を書いていて、ヘーゲルを読んでたりもして、僕にはあいつがいったい誰の味方なのか分からないな。いっつもお腹がすいてるよ。それじゃあね、誕生日おめでとう[*9]……。」

◆

この手紙で初めて、エルネストは自分が知り合っただれかに対する不信感をあらわにしている。これは政治的な意味での不信感である。ラテンアメリカ旅行の間中、FBIやCIAのエージェントには細心の注意を払って接しなければならなかった。彼等は何年も前から米州に散らばっていて、その任務の遂行においてはかなり優秀だったからだ。

そしてグアテマラの気候についてはこのように書いている。

◆

「ここの気候は僕には向いてなくて、食餌療法を完璧にこなさなければなりません。（宿屋では僕は腹ぺこで死にそうですが、どうにかやっています。）」

◆

また政府内で探していた仕事についてはこう言っている。

◆

「厚生担当相に面会に行って、仕事が欲しいんだが、仕事させてもらえるかどうか、イエスでもノーでもいいからはっきりした返事をください、と迫りました。この人は親切に応対してくれて、ひととおりの記録をとり、二、三日後に会いましょう、という約束をしました。昨日がその日だったんですが、この人は僕を裏切りませんでしたよ。だって、はっきり《ノー》と答えてくれたんだから。

いずれにせよ、この最初のうちをやり過ごしておいて腰を落ちつけていると、何かいいことがあるんじゃないかとにらんでるんです。仕事をするには、とても閉鎖的で寡占的な医者の世界に入り込んでいく必要があるからです。（僕は命懸けで彼らに立ち向かっていく覚悟です。）

いまのところは、道端でエスキプラスのキリスト[*10]のきれいな肖像を売っています。途方もない奇蹟を次々とやってのける、肌の黒いキリストです。僕が売っているのはアドルフォ[*11]のとよく似たしくみで後光がさしたみたいになっているやつだけど、アドルフォのよりもっとひどいよ。このキリストのやった奇蹟についてのすごく面白い逸話をもうずいぶんとため込んできたけど、どんどん増やしていくんだ。冗談を交えながら、だめでもともとという心意気で売り込んでるよ。気候は最高。おわり。」

◆

この手紙に同封して、私宛に短い文章を送ってきたが、その中で私のことを「ブルジョアっぽいチャンチョ父さん」と呼んでいる。この冗談のもとを説明するとこういうことだ。エスネストの親友の一人がエルネストのことを「チャンチョ」［「汚れた」から転じて「豚」を意味する単語］と呼んでいた。このあだ名に腹を立て、私はこの友人に対

＊8 一九二八年にユタ大学の哲学科でマルクス主義についての講義を行い、同じテーマで本を著して米国で出版した、ハロルド・ホワイト教授のこと。チェがホワイトと深く知り合い親友になって、米国人のイデオロギーに関する疑問を解き合った。そんないきさつで、キューバ工業相であったチェは教授をキューバに招待し、ホワイトはそのまま残って一九六八年にハバナで死ぬまでの数年間をキューバで過ごした。ホワイトとチェの絶え間ない意見の交換は、エルネストにとってマルクスとエンゲルスの理論を学ぶに当たっての手助けであり刺激となったことは疑う余地がない。エルネストはこの理論に関して熱烈な勉強家となったのだ。

＊9 アナ・マリーアは一月二八日が誕生日だった。

＊10 メキシコ、エスキプラス地方の、有名なキリスト。

＊11 エルネストの友人で、ブエノスアイレスで同じようなことをやっていた。

して怒ってしまった。そうすると、私のいるところではエルネストをチャンチョと呼ぶのをやめたが、私の知らないところで、私を「チャンチョ父さん」というあだ名で呼んでいたのだ。エルネストはいつもその手の冗談を飛ばしてばかりで、家族への手紙の中にそういうものを書いていたのだ。

そしてエルネストの手紙には続いて「筆跡学的な」冗談が書かれていた。

◆

「父さんの手紙は、すごくゲバラ家らしくて、大きな字で、寛大な筆跡で、便せんはすぐに埋っちゃうね……。」

◆

もっと先ではこう付け加えている。

◆

「父さんに唯一前もって言えることは、メキシコを知らずしてこの地域を立ち去りたくないということです。僕の見方では、『僕も結構よく分かっている』米州中で、この国（グアテマラ）ほど民主的な国はありません。両極端の思想を持つ人びとも、またどちら寄りの中道派でも、少しも恐れることなく言いたいとおりを口にしています。」

◆

「僕も結構よく分かっている」と言うのは、この私を愛情こめてからかってのことだということを明らかにしておこう。私は議論などで答えに窮すると、「このことについては私も結構よく分かっているがね」と言って話を終わらすので、家族の間では知ったかぶりの象徴となっていたのだ。

◆

「個人的には、そんなことは終止符を打つべきだと思いますがね。（バナナ業者だけどお金《カナリア》*12を山ほど持っている）ユナイテッド・フルーツ社なら、その手のプロパガンダに大金をつぎ込むことができるからです。反体制派の新聞は毎日のように、ユナイテッド・フルーツ社から派遣された民主主義者や政府が米国で発表する演説の全文を掲載しています。そして、メインディッシュは、カラカスの会議で調理されるようです。カラカス会議では、グアテマラに制裁を加えるために、ヤンキーどもがあの手この手を講じてくることでしょう。どの政府もヤンキーどもに屈服するのは目に見えていて、ペレス・ヒメネスやオドリーア、トゥルヒージョ、バティスタ、ソモサら*13がヤンキーの持ち駒です。つまり、反動的政府の中でも極めつけのファシストで、反民衆的な立場にある輩です。ボリビアもおもしろい国でしたが、グアテマラはそれよりはるかにおもしろいです。なぜならこの国は、経済的にはどうみても従属的立場にあるのに、あらゆる武力攻勢に耐え抜き（アレバロ大統領は四〇回ほどにものぼる攻撃に耐えたのです）、しかも自由の発現を全く損なうことなく、向かい来る敵に立ち向かってきた国だからです。」

◆

この手紙の結びで、エルネストは当時一一歳だった弟のファンにこう書いている。

◆

「よく食べて、飲み込むときには兄さんのことを考えるんだぞ、アルゼンチンの牛肉は、なんだかあまりよく印象に残っていない、一度だってきちんとその価値を認めることのできなかった夢みたいなもの

*12アルゼンチンでは黄色い百ペソ札をこう呼んでいた。

*13それぞれ当時の、ベネズエラ、ペルー、サントドミンゴ、キューバ、ニカラグアの独裁者に相当する。

なんだから。十分味わっておけよ、おまえはアメリカ大陸中で一番食べ物に恵まれた国にいるんだからな。」

◆

そしていつものように実に愛情深いやり方で、家族と友達みんなのことを思い出しながら、手紙を結んでいる。

◆

一九五四年二月二日、私への手紙でこう書いている。

「父さん

ちょっと早いけど、霊名の祝日のお悔やみを申し上げます。[*14] 手紙はなかなか着かないし、小金ができたらすぐ出せるように書いておかなきゃならないし、それに日にちを忘れてしまうんじゃないかとひやひやしてしまうから。

こちらはというと、前の手紙で書いたのと変らない状況が続いています。仲買の仕事じゃ、その日その日をしのぐ分しか稼げないけれど、やる気は充分あるし、最低でも六カ月は、試しに頑張ってみようかと思っています。そのあいだには状況も良くなってくるでしょう。政治的には、父さんの友達のイケ[*15]が後押しするクーデターが起きるのではという疑いが常にあって、あまりいい状況とは言えません。このあいだも、中米民主主義の第一人者たちが全員絡んだ陰謀が発覚しました。ユナイテッド・フルーツ社あるいは米国国務省が裏で糸を引いていたんだけど、そのことは完全には明るみには出ませんでした。公表された文書は議論の余地のないものだったし、皆がそう認めたのですが（……中略）。

食べ物を求めて戦う日常の雑事のせいで、グアテマラを思う存分知ることができないでいますが、手に入るんじゃないかと見ている二つの仕事のどちらをとっても、今よりはかんたんにグアテマラを探索できるようになると思います。」

◆

エルネストは、グアテマラの抱えていた現実と接触を持ち始めていた。手紙の中で絶えず政治・社会的な評価をしており、かの土地に滞在しているのは、まさにそこで起きていることを見るためなのだということが、手紙からうかがい知れた。社会主義の萌芽が政府レベルで育ちつつあったグアテマラは、彼にとって非常に興味深い国であったに違いない。そしてその後、グアテマラから送ってよこした手紙は、ますますグアテマラの政治・社会状況に関する分析に踏み込んだものになっていった。

◆

一九五四年二月一二日、伯母のベアトリスに手紙を書いている。

「僕の大好きな、敬愛してやまない、言葉では言い尽くせないほど素晴らしいおばさんへ

この間のおばさんからの手紙、受け取ったとき本当に嬉しかった。その前にもらった二通は資本主義的な総決算とも言える手紙でしたね。郵便局勤めの民主主義の使者が、きちんと富の配分をしてくれた

＊14 二月一一日の私の誕生日のことを言っている。
＊15 「父さんの友達のイケ」とは米国大統領のアイゼンハワーを指して言っている。彼は略称「アイク」と呼ばれたが、スペイン語読みをすると「イケ」となる。第二次世界大戦の時には、私は米国が連合国側に付いていると信じていたので、そのことをからかっているのだ。

から、あの二通のうち、僕のところには一通しか届かなかったけどね。もうお金なんか送ってこないでよ。おばさんにとっては大変な負担なんだし、ここいらでは地面にドル札が落ちてるくらいなんですよ。はじめのうちなんか、それを拾い集めようとかがみこんでばっかりいたら、腰痛になっちゃって。今はもう、十枚中一枚拾うだけにしてます。公衆衛生を維持する程度にね、だってそんなにたくさんの紙切れがひらひら舞ってたり道に落ちていたんではまずいでしょう。

今後数年の僕の計画はね、最低でも六カ月はグアテマラにいるつもりです。実入りのいい仕事が見つかれば、二年間は滞在できるんだけど。六カ月の滞在のほうになったら、他の国に行って一年間働こうと思っていますが、行き先を可能性の高いほうから言うと、ベネズエラ、メキシコ、キューバ、米国といったところでしょう。グアテマラで二年働くほうの計画がかなえば、さっき挙げた国のうちの最後の三つと、ハイチとサントドミンゴに行ってみてから、その後はたぶん母さんと一緒に西ヨーロッパに行って、すってんてんになるまでいようと思っています。途中、時間とお金が許せば、飛行機にただ乗りするとか、船医として働きながら船で行くとか、何かしら安い方法でみんなを訪ねようと思います。

この計画全体の中には、ころころ変わりそうなことが二つあって、それによりけりで方向性は右往左往することになります。一つ目はお金の問題で、僕自身にとってはお金は根本的には重要じゃないんだけど、滞在を短くしたり行程を考え直したりする必要は出てきます。二つ目が一番重要な問題ですが、政治情勢です。僕の立場は、決してただの面白半分で口をはさんでいるだけのものではないのです。グアテマラ政府に与《くみ》する立場をとっていて、そのなかで政治的にはPGT［グアテマラ労働党］のグループに属しています。PGTは共産主義勢力です。しかも、同じく共産主義的傾向をもち、ここである雑誌を出版している学識経験者とも付き合いがあります。労働組合でも医者として働いていますし、そのせいで、コチコチの反動主義の医師会と対立しています。おばさんがなんて言うか想像がつきますが、僕がちゃんと話さなかったと文句を言うことはできませんよ。」

◆

後は自分の学術研究のことについて書いている。ヒアルロニダーゼについて研究するために文献を集めていたらしい。伯母に対して、その効果についてはたぶんリーダーズ・ダイジェスト・セレクションで読んだことがあると思うけど、と言っている。そして、

◆

「僕のわずかな個人的経験を頼りに、社会医学の分野で、えらくうぬぼれた本を書いているところで、二年ぐらいかかるかなあと思っています。タイトルは、『ラテンアメリカにおける医師の役割』というんだけど、概要と最初の二章だけしか書けていません。辛抱強くきちんとやれば、何かましなことが書けると思います。

あなたのプロレタリアートの甥っ子より鋼の抱擁を。

大事な追伸。あのアパートをどうするつもりなのか、本をおばさんの住所に送って保管してもらうことができるのかどうか、教えてください。怖がらなくてもいいよ、やばい本じゃないから。」

◆

この手紙は、エルネスト・ゲバラ・デ・ラ・セルナの生涯についての研究にとって、非常に重要なものだ。この手紙で初めて、グアテマラ政府寄りの立場をとるということを率直に宣言しているからだ。グアテマラ政府は、実際には社会主義でしかなかったのだが、世界では共産主義政権として捉えられていた。

しかし重要なのは、共産主義政党であるＰＧＴ（グアテマラ労働党）や同傾向の知識人と関係を持つこと

で、彼がすでに決然と左派に属していたということである。（同じく左派の）労働組合で医者として働いてもいた。

エルネストの学問的な情熱はすでに二義的なものになっていた。医学生時代を通じて、アルゼンチンの最も偉大なアレルギー専門医であるピサーニ医師のもとで補習として働いていたが、その頃は心底情熱を注いでこの専門を履修していた。しかし一九五四年、グアテマラではもう、科学的な情熱は政治的な情熱にとって代られていたことがはっきりとうかがえる。

◆

一九五四年二月二八日に受け取った手紙を抜粋する。

◆

「父さんアンド母さんへ
［……（中略）］
ここで独裁者連中の陰謀が発覚しました。ソモサと、トルヒージョと、ペレス・ヒメネスです。」

◆

そしてメキシコに言及し、このように書いている。

◆

「あっちの状況はどんどん複雑になっていて、財政赤字の危機に陥りそうです。それでもあっちに行くかもしれないから、一応プティ・ド・ミュラさんの住所を教えて下さい。（きのう、一〇日間行ってこないかと誘われたんだけど、戻って来るには三〇ドル必要だし、もちろん僕はそんなお金持っていません。）」

医者なら三〇ドルぐらい大した金額ではなかろうが、エルネストは病人から一銭たりともとったことはなかった。医者は神聖な職業で、完全に病人のおかげで成り立っていると考えていたからだ。ボリビア、ペルー、エクアドル、パナマ、グアテマラ、そしてメキシコを旅し滞在するあいだ、医者として働きはしたが、それで収入を得たことは一度もなかった。医学で食べることができたことがあったとすれば、それは食住込みの奨学金を得ていたか、政府の支払いで働いていたからだった。

◆

その後この手紙の中では、どうやって生計を立てているのかを書いている。

◆

「英会話（じゃなくってスペイン語）レッスンをグリンゴ相手にして一日一ペソ、ここのエコノミストがやっている地理学の本の助手をして月に三〇ペソ。助手というのは、タイプ打ちとデータの記録をすること。（合計で五〇ペソ、下宿代が四五ペソだから、つまり映画には行けないけど治療薬もかからないから、充分な給料だからね。ただ一ついやなのは、もう二カ月滞納していることなんだけど、でも近いうちにもう少しきちんとした仕事を見つけるつもりです（……中略）。

失敗した仕事の計画にはまだ四つおまけがあります。そんなことがあっても、少しうんざりしてるだけなんだけど。仕事が必要なのに手に入らないなんて、これが初めてです。米州ではたいてい、仕事なんか巧みによけて通らなければならないものなのに。もっともこんなのささいなことなんだけどね。というのはある看板製作所でペンキ塗りとして働くという仕事が決まっているからです。これはある意味興味深いことですよ、ロックフェラー（新聞売りの少年）のかわりにヒトラーが出てくるということなんだから……（……中略）。

母さんから手紙が来ていて、配管工をして七五〇ドル稼ぐ弟を見習いなさい、と書いてあったけど、ペンキ塗りをして一五〇〇稼ぐんだから、完全に僕の勝ちだね。これだから、外に出て外の世界を知って、ひと財産築くってのもやりがいがあるってもんだ。[*16]」

◆

エルネストが書いてくる手紙はこんな感じだった。時には、ささいな話から大切な話に飛ぶこともあった。一番困難な時期にも、また深刻な決定をしなければならないようなときにも、彼の性格からしてまじめになるのは無理で、自分自身とほかの皆のことをからかうような書き方をするので、たいていは彼の手紙は辛抱強く読まなければならなかった。

二月二八日付けのこの手紙では、今後どうするのかということについて少々迷いが生じていたようで、こんな風に書いている。

◆

「僕が今後どうするかは、父なる神様にとっても謎なんです。本を書くための材料を整理しているところなので、今のところは少し落ちつけたらなあと思っています。けれども毎日食べていくのに必死で、本のほうにかける時間があまりありません。どっちにしても、一晩で書けるようなものではないんだけど……。

一番良さそうなチャンスというものは、失敗に終わるみたいです。僕を雇えば、『アルゼンチンから特別輸入した医者』という肩書きを売りにできるという類を見ないメリットがあるというのに、組合員たちときたら給料を払って医者を雇う気が全然ないんだから。住人の九八％はあの寄生虫にやられていて、一〇七％は読み書きできないんだから、場所は理想的でした。ほんと、あの組合は医者に対して、つまり僕に対して、最低最悪だよ。バナナの会社にも働きに行って、（組合編入の面で）同じことでしたが、どうにかなるでしょう、だめなら他をあたるまでだし。それもそうだ。でも借金を返して、マヤの遺跡を見物して、この国やこの国の人たちをよく知るには四カ月は必要なので、四カ月経たないうちに他に行くとは思えませんが（仕事してると専念できないから、そんなにも時間が必要なんだよ）。
父さんアンド母さん。愛情いっぱいの愛情を二人に。便りをください。ではまた。」

◆

彼の多くの手紙と同じく、この手紙にも署名はなかった。

この手紙は、その頃数カ月間の、グアテマラでの彼の生活を要約している。この手紙を書いたとき、金銭面あるいは仕事面で困っているのを隠したいばかりに、茶化して書いているのだ。農民のために医者として働いたり、労働者階級の役に立ったりができないことをぼやき、医者として働くためには同業組合に入らなければならないと強要されているということを嘲笑している。それはいわば、特権階級の同業者組合に入るように迫られていたということなのだ。

◆

エルネストから父母へ、グアテマラからの手紙

「一九五四年三月
父さん、母さん
医者でなくとも、せめて看護士として、僕が就いた仕事についての最終的な知らせを届けられるまで

＊16弟のロベルトは、国立機関（海軍）で、弁護士であったにもかかわらず配管工レベルの給料で働いた。

待とうと思って、しばらく手紙を書きませんでした。あいにく、ここの人たちは物事を決めるのがすごくのろくて、いまだに待たされています。ペテン[17]での仕事になりそうです。ペテンはグアテマラの熱帯林地区で、素晴らしいところです。マヤ文明が開花し、その後はコルテス軍の将軍アルバラード[18]による壮大な征服劇の舞台となった土地で、しかもとんでもなくたくさんの病気がある、つまりしかるべき方法で（そして当然のことながらやる気満々で）学ぶことができる場所だからです。」

◆

このころはまだ、エルネストの中で、医学にかける情熱と考古学にかける情熱とが共存していた。ペテンには、その両方があった。

◆

「言い忘れましたが、この仕事は給料が一二〇（ケッツアル）、食事付きですから、最初の一カ月はためこんでいる家賃の支払いに充てることになるでしょう。」

◆

それから、期待できる稼ぎのことを、というかむしろこれから食べられるであろうもののことを、あれこれ書いたり計算したりしている。

多くの手紙の中で、執筆中の本のことについて書いてよこした。私は一度もこの本を読むことがなかったし、書かれた部分がどうなったのかも全く分からなかった。グアテマラを出ることに決めた頃、自分の持っていた本を山ほど送ってよこしたが、例の本についてのものは何も送ってこなかった。

彼の字はたいていの場合読みづらく、時には何時間もかかって手紙を判読したものだった。

◆

グアテマラ生産振興省のレターヘッドのついた便せんにかかれた、ティタ・インファンテ宛の手紙

「グアテマラ市、一九五四年、三月になるころ

何もしていなくても、歳だけはとっていくものですね、ティタ。

出発してすでに一年近いというのに、僕は何においてもほとんど進歩がないんです。でもたぶんあなたはエキゾチックな冒険がお好きでしょうから、僕の計画や旅での出来事、災難なんかのことをお話しすることにしましょう。

まずは、もっと早くお返事を書かなかったことを謝らなくては。いろいろあって手紙を書けませんでした。偉そうに、グアテマラ年代記でも送ってあげたかったんですが、時間がなくて。そこで、アルゼンチンのどこかで出版するために、僕の代わりに書いてくれないかと思って、ある先住民の作家を捜し歩きましたが、それもうまくいきませんでした。彼は何年も前に、年代記を書こうと思いついてここにやってきたんだけど、死んでしまったんです。もっと後で、なんていう名前だか知らないけれどアルゼンチンの雑誌用にグアテマラ年代記を書いてくれと頼まれて、じゃあなたにも一部送ってあげようと思ったんですが、まだ書いていないし、いいものを書きたいと思っているので、近いうちに仕上がりそうもありません。

こんなことを言うのは、グアテマラはよく理解され、紹介されるべき国だと思うからなんです。今までのところは優勢だけれど、交戦状態にあるこの共和国の状況を考えれば、あなたが恐れているのももも

*17グアテマラの州。ローマ教皇領。昔ここに住んでいた古代マヤ民族はアメリカ大陸の先住民文明のうち最も進歩した人びとだったと考えられている。ペテン州には今も、マヤ、イツア、ラカンドンの人びとが暮らしている。

っともなことだとは思います。三月一日に出された議会への年次教書の中で、アルベンス大統領ははっきりと、政府は共産党の協力を得ているということ、そしてこの政治勢力に加わっている人びとの権利を、政府自身がいかなる抑圧からも保護する必要があるということを、宣言しました。たいてい、共産主義は慎重に陣営を築いていくものなので、国内の新聞が《外国製のドクトリンによる口出し》に対して大騒ぎしたりさえしなければ、気付かれないでしょう。しかし共産主義は、(指導者層にデマゴーグがいるのかもしれないけど)私利私欲を計算に入れていない綱領を達成するために政府に入ったグアテマラ唯一の政治勢力であり、まさに騒動のるつぼとしかいいようのない他の三つの政党勢力とは、紛れもなく対照をなしています。これらの政党はとうとう、少なくとも二つずつの敵対する派閥に分裂してしまい、国会での議長の座を得るために反対勢力と協定を結ぶなどという恥知らずな真似までしています(一院だけではそうはいかないでしょう)。この問題を僕ほどはご存じないでしょうから言っておきますが、PGTは、左派に傾倒しておりグアテマラの完全な社会主義化を支援する用意のある分子を介して、他の三政党の一部にも大きな影響力を及ぼしています。完全社会主義化は、とくに革命に人材が乏しい(何より、知的な面で、ということを言っているのですが)ことのために、きわめて困難な仕事といえます。

この国は典型的な農業経済で、ほぼ《正統派の》封建制度のくびきからようやく脱したばかりであり、貿易収支のなかで比重の大きい、モノカルチャー産品であるコーヒーが唯一の持ち札です。その価格が大きく下落すれば、緊急措置をとらない限り政府が倒れてしまうということは、それほど悲観的にならずとも確証できます。しかも世界中からの不買運動が予想されるので、結局は米国の許可なしにはその緊急措置もとることができないのです。僕が思うに、グアテマラにとって一番難しい時期は、新しい大統領を選ばなければならない今後三年のうちにやってくるでしょう。今までのところで候補としてあがっている名前をみると、これまでやってきたような立派なやり方で革命を達成できるかどうかはどうも信用がおけません。もしあなたが興味をお持ちで、しかもそちらで迷惑を被るかもしれないことがないなら、興味深い出版物をいくつか送るようにできますが、でもあなたからのお返事を受け取らない限りはやめておきましょう。

僕の経済状態はすごく厳しいので、あなたには一枚分だけお手紙を書こうと思っていました。二枚目を書くと手紙が〇・一〇グラム重くなってしまいますが、聞いておきたいことがあるので。

まず、この三月、(そしてあなたがお返事を書いてくれるまでの数カ月の間に) あなたが学生として計画していること、それから計画していないことはなんですか。こんな質問をするのは、手紙を読んでいるとなんだかあなたが、とてもロマンチックだけどとても危険な絶望にとらわれているように見えるからです。忠告として言うんだけど、宿命論者になりたいんだったら前向きな宿命論者にならなきゃいけませんよ。毎日が無意味に過ぎていったって、どんな失敗をしたって、そんなに気にしすぎてはいけません。あなたは一日一日をいちいち嘆き悲しんで、過ぎていく日々を引き留めようとしているみたいだけど、そんなのは難しいことなんですよ。一年か二年たってから見てみれば、自分がどんなに成長したかが分かるはずですよ。偉そうな口をきいてごめんなさい。

二つ目は、研究仲間がどうしているか、雑誌がどうなったか (二対一でつぶれたほうに賭けますがね)、それからパスがどうしているか、パスの体の具合はどうか、ということ。

三つ目は、モンテネグロがどうしているか。一回手紙を書いたんですが返事がなく、その後でディスクスタインにも手紙を書いたのにやっぱり返事なし。そういうわけで、アルゼンチンの医者の巣窟で僕が知っているほんの小さなグループのことすら何も知らないのです。手紙を書いてくれる気になったときには、もう一度この質問を読んで答えてくださいね。

僕自身のことを書くと、医者として仕事をするための働きかけは、少数の支配階層があらゆる特権に浴することができるように作られた閉鎖的な法律のせいで、ことごとく失敗に終わりました。彼らは、典型的なブルジョワ革命だった四四年の革命を主導した人々の後継者たちで、今ではそのとき手に入れた特権を意地でも手放そうとしません。とりあえずしていた仕事の合間に奴等のしてきたことを自分で調べてみたところ、統計上ぞっとするような結果がでました。子どもたちの九八パーセントは回虫や鉤虫症に感染しており、しかも、気の毒なブラジルサシガメ（トリアトマスと呼ばれている）の尾を割ってトリパノソーマ・クルシスやトリパノソーマ・ランゲリス［いずれも血液内に寄生し、睡眠病を引き起こす鞭毛虫の総称］を探しました。これらも、大量にいるのです。これは衛生面での話です、というのも、そのほかに飢え死にせずにすむように何とかうまく切り抜けて来たのですが、しまいにはにっちもさっちもいかなくなってしまったからなんです。どうやら、看護士として安い給料で雇われて、山奥でチクレやゴムや木材を採る仲間入りしに、グアテマラの熱帯林地域のペテンに行くことになりそうです。マヤの古い文化のあった地域で（ユカタン半島の中ではペテンは、密林の中に失われてしまったマヤ文明のうちで一番近代的な文明なのです）、そこならありとあらゆる種類の熱帯病をきちんと勉強するチャンスがあります。ここではいつも何かが足りないんだけど、今度は労働組合が僕を任命することに同意してくれないといけないんです。これは雇用主と労働組合の関係のなかでは重要なポストだからです。僕が雇用主に推薦されて以来ずっと、彼らは僕のことをずいぶん悪い奴だと思ってるみたいだけど、それほどでもないんだって説得できるといいんですが。もしうまく行けば、半月後には僕の体に蚊が群がって、僕は再び母なる自然と寝食をともにすることになるでしょう。ただちょっと悲しいのは、ベネズエラに行ったって同じぐらいのことはできただろうと思えるからです。そしてベネズエラだったら、一二五ドルではなく八〇〇ドル稼げるだろうから。お金がないのは嫌なことですね！

ティタ、友情を込めて。領事館を通じた同じ経路でのお便り、お待ちしています。それから、もうひとがんばりして、長年の苦労を終わらせようよ。またね。

エルネスト」

◆

エルネストから母親へ、グアテマラからの手紙

この手紙は日付なしで、かわりに「希望の最初の月」と書かれて届いた。一九五四年の四月下旬のものと思われる。

手紙によるとエルネストの経済的な不遇は続いており、今はそれに加えて、ツーリスト・ビザが切れたため、これ以上グアテマラに滞在できなくなっていた。

「母さん
別に父さんを喜ばそうとしてこういう書き出しにした訳じゃないよ。少しは状況が改善されそうな兆しがあって、お金の面では将来の見通しはそんなに暗いものじゃなくなりました。最悪な悲劇のことだってお話ししますよ、だって事実なんだから。それに父さんも僕のことを、これしきのことぐらい耐えられる、十分強い男だと認めてくれてるものだとばかり思ってたから。[*19] おとぎ話のほうがいいんだったら素敵なのを話してあげられるんだよ。連絡せずにいた間に、僕の生活にはこんな展開がありました。

リュックと書類入れを持って、徒歩とかヒッチハイクとか、はたまた政府にもらった一〇ドルを使ってお金を払ったりもしながら（おお恥ずかしい）、行ってきました。エルサルバドルに着いて、グアテマラから持ってきた本が何冊か警察の差し押さえにあったりもしたけど、僕自身は通過できて、グアテマラに再入国するためのビザが手に入りました。今度のはきちんとしたやつです。それから、トラスカルテカ人[*20]の一族であるピピル[*21]という人びとの遺跡を見に行きました。ピピルの中心はメキシコにありましたが、かれらは南部を征服しようと下っていき、スペイン人がやってくるまでの間、ここに住み着いていたのです。マヤの建造物とは似ても似つかないし、ましてやインカのものなんかとは全然違います。その後は、実にすばらしいホンジュラスの遺跡を訪ねるために頼んであったビザの問題が解決するのを待つ間、海辺で数日を過ごしました。海岸で手持ちの寝袋で眠ったので、ここでは確かに最良の食餌療法こそできませんでしたが、健康きわまりない生活だったから、体調はずっと上々でした。日焼けで火ぶくれになった以外はね。何人かの青年と友達になりましたが、中米ならどこでもそうだけど、彼らもまた大酒飲みで、僕もお酒のせいで開けっぴろげになって、ちょっとばかりグアテマラの宣伝をしてみたり、こってりとした詩句を披露したりしました。しまいには警察のやっかいになってしまいましたが、ひとかどの人物といった風采の司令官に前もって諫言を頂戴してから、夕暮れどきのバラとかなんとかそのほかの美しいものについて詠うように、とすぐに釈放してくれました。ソネットでも詠んで煙に巻いてやったほうが良かったんだけどね。ホンジュラス人は、僕がグアテマラの住民であるというだけの理由で、ビザを発行してくれませんでした。他に、そのころホンジュラスで行われていたストライキを見に行くという、健全な目的があったということを母さんに言っておかなきゃならないんですが。このストライキでは労働人口全体の二五パーセントが労働をストップしているのです。どの国の数字であったとしても高い割合なんですが、ストライキ権がなく労働組合が地下組織であるような国にしてみれば、とてつもない数字です。ユナイテッド・フルーツ社は怒号をあげんばかりの剣幕だし、もちろんダレス[*22]やCIAは、合州国は何年も前から鉄砲の弾一つ売ろうとしないので、売ってくれるところならどこからでも武器を買い付けるなどという凶悪な犯罪に手を貸して、グアテマラに干渉しようとしています。」

◆

この後、エルサルバドルで伯母のベアトリスの友人たちを訪ねたことについて書き、彼らに対して政治的な意味あいでの配慮をしている。ベアトリスは友人たちがそこでエルネストを「落ち着かせて」くれると期待していたのだが、エルネストはこう書いている。

◆

「もちろん、あそこに残ろうなんて考えてもみませんでした。帰りは、半分打ち棄てられたような道路を通って、ほとんどカラッケツの状態で戻りました。ここでは一ドルは一アルゼンチンペソとほとんど同じ価値で、二〇ドルあったって大したことはできないんです。ある日などは五〇キロ近く歩いて（五〇キロはたぶん嘘だけど、たくさん歩いたんだよ）、何日も経ってから、小さいながらも美しい遺跡がいくつかあるユナイテッド・フルーツ社の病院に行き当たりました。ここでは、それまで米州主義《アメリカニスモ》がじ

＊19援助を申し出た私の手紙のことを言っている。
＊20メキシコ南部に住むチチメカのインディヘナの部族で、スペイン人の到達までそこに住んでいた。
＊21古代インディヘナの一部族。
＊22ジョン・フォスター・ダレス（一八八八—一九五九）は、当時の米国アイゼンハワー政権の国務長官を務めていた。またユナイテッド・フルーツ社の顧問弁護士でもあった。【訳註】

やまして納得できずにいたことを、完全に納得させられてしまいました。つまり僕らの祖先はアジア人だということです。（アジア人がいまに親権を主張し出すだろうって、父さんに言ってやって。）その証拠に、浅い浮き彫りの仏像が数体描かれているし、どの文字も古代ヒンドスタン文明の文字とうりふたつなんです。美しい場所で、僕も胃袋に対してシルヴェストル・ボナール[*23]と同じ罪を犯してしまったほどです。一ドル強もはたいて、フィルムを買い、カメラを借りたんです。その後病院で食事をせびったんだけど、僕のラクダのこぶの半分しか満たすことができませんでした。グアテマラまで鉄道で戻らなければならないというのに文無しになってしまったので、プエルト・バリオスに身を投じてタール入りの樽の積み下ろしの仕事をし、ものすごい数の蚊にさされながら、なんと一二時間の重労働の末にやっとこさ二・六三ドルを稼ぎました。手はぼろぼろになるし、背中はもっと気の毒な状態になりましたが、正直言ってかなり満足しました。夕方の六時から朝の六時まで働き、海辺の廃屋で眠りました。その後グアテマラに帰り、ここでは前より見通しが明るくなっています。」

◆

この後ちょっと聞き慣れない言葉で家族のことについて書いており、それについてはこう言っている。

◆

「……（わざとへんてこな言葉遣いをしたわけじゃなくて、隣で言い合いをしてる四人のキューバ人のせいなんだよ[*24]）。」

◆

彼がキューバ人と交友関係にある、あるいは接触していると知らされたのはこれが初めてだった。エルネストがすでに、キューバ島から吹いてくる政治の嵐を吸収しつつあったのは明らかだ。モンカダ兵営の襲撃の悲劇が起きた直後のことであり、この事件ではフィデル・カストロや、のちに戦いの同志となるキューバ人の多くが逮捕されていた。

そして次のように手紙を結んでいる。

「この次はもっとゆっくりとニュースを知らせるね、ニュースがあればの話だけど。みなさんに抱擁を。」

◆

そしてこれまた例外なく、手紙に署名をしていない。

◆

エルネストから母親へ、グアテマラからの手紙

「一九五四年四月

母さん

＊23アナトール・フランスの小説『学士会員シルヴェストル・ボナールの罪』の登場人物。

＊24ここで言っているのは、モンカダ兵営の襲撃に失敗して在キューバ・グアテマラ大使館の庇護を受けていた（のちにエルネストの親友となる）ニコ・ロペスと、マリオ・ダルマン、アルマンド・アレンシビアらのことである。この襲撃は、オルトドクソ党に属していた若き弁護士フィデル・カストロ・ルスの主導で行われた。この行動は、キューバに恐怖をまき散らしたフルヘンシオ・バチスタ元軍曹による独裁政府打倒を目指す革命の始まりと考えられている。一五〇人の愛国的なキューバ人学生がフィデルとともに戦い、そのうち七〇人以上が戦闘の中で、あるいはのちにバチスタの手先に暗殺されて死んだ。のちにチェとともに写真の仕事をしたニコ・ロペスが、チェに最も強い政治的影響を与えたうちの一人であることは間違いなく、七月二六日運動がキューバで展開していたすべての反乱を彼に深く知らしめた。モンカダ兵営の襲撃とその後の血腥い抑圧は、キューバ国民を激怒させる起爆剤のような働きをし、その怒りは日に日に大きくなっていって、その当時本物の人民革命に変化するかもしれないという脅威を与え、バチスタ政権を大いに不安に陥れていた。

ごらんの通り、ペテンには行きませんでした。雇ってくれるはずだったいかさま野郎に一カ月も待たされて、しまいには僕のほうからもう待てませんと言うしかなくなってしまったんです。(……中略)。そいつには薬やら医療器具やら何から何までリストにしたものを見せてあったし、この地域でいちばんたくさんの症例が見られる熱帯病の診断には万全の態勢だったのに。もちろん、僕にしてみればどっちみちこれは役に立つんです。とりわけ、あるバナナ林地帯の果物会社で働くチャンスがある今なんかはね。

ただ、ペテンの遺跡だけは行っておきたいな。あそこにはチカルという都市があって実に見事だし、ピエドラス・ネグラス[*25]というもう一つの都市は、チカルと比べれば重要度はずっと落ちるけど、マヤ芸術はそこで最高峰に達したんです。ここの博物館に保存してある戸口の飾りは、すっかり傷んでしまってはいるけれど、世界中どこへ持っていっても真の芸術品といえるものですよ。

親愛なるわれらが友・古代ペルー人は、この地域に見られるようなきわめて細工のしやすい石灰質の石も、熱帯的な感性も持ち合わせていなかったので、ここの人たちに匹敵するようなものは何ひとつ作れなかったのです。」

◆

ここでは、医師としての仕事を逃したことよりも、ペテンの遺跡を見ることができなかったことのほうが悔しいとはっきり述べている。考古学への情熱のほうが、医学への関心よりも強かったのだ……。

◆

「……国を出てきてよかったという思いがますます強まっています。医学的な知識の面では成長していませんが、その反面、医学なんかよりずっと興味深い、別の種類の知識を吸収していっています。」

彼が興味を持っていたという知識とはいったいなんだったろう？　考古学好きということはもう分かっていた。それ以外の知識とは、間違いなく社会的・政治的なものだった。グアテマラ入りしてすぐ、彼はクーデターが起きる予兆を感じとっていた。近づきつつある嵐が、すでに彼を捕まえていたのだ。苦しい経済状態のなか、故郷を忘れられずにいた彼は、母親にこう書いている。

◆

「本当に、母さんたちに会いに行きたいです。でも、いつどうやって行くのか、全く見当もつきません。こんな状況で先のことを話すなんて、でっち上げの夢物語を話すようなもんだよ。いずれにせよ、（はっきりした状況として）果物会社で雇ってもらえたら、ここで抱えている借金とあっちに残してきた借金を返して、カメラを買って、ペテンに行って、という具合に使おうと思っています。それから北へ高飛びするつもりです、つまりメキシコへ。」

◆

それから、母親のしたいくつかの質問に答えてこう書いている。

◆

「母さんが僕のことをそこまで買ってくれてるなんてうれしいよ。とにかく、将来文化人類学専門で働

＊25チカルとピエドラス・ネグラスは賞賛に値する石造建築である。彫刻のほどこされた無数の神殿・ピラミッド・宮殿がある。宗教的な中心地であったと考えられ、人びとは近郊に散らばって暮らしていた。この人口のすべてが同時代に存在したわけではなく、インディヘナの伝統に従って、ある人口が構成されていく過程で、ある人口は見捨てられていくか、さもなければ戦争で滅んでいった。スペイン人が到着したときには、主なものはすでに何年も前から廃墟となっていた。マヤとケチュアの人びとによって建造された。

く、というのはあまりありそうにないね。死んでしまって手の打ちようのないものを調査することを僕の人生の《指針》にするなんてのは、ちょっと逆説的な感じがするんだよね。二つだけ、はっきりしていることがあります。一つは、もしも僕が三五歳ぐらいになって本当に創造的な段階に入ったなら、僕の専業は、または少なくとも主としてする仕事は、核物理学か遺伝学か、あるいは今ある分野の中から最も面白い分野を統合したような、そんな分野のものになるだろうということです。二つ目は、米州は僕が考えていたよりもずっと重要な性質をもった冒険の舞台となるだろうということ。本当に米州のことが分かるようになってきたと思うし、自分は地球上の他のどんな国民とも違う特徴を持った、米州人《アメリカーノ》だという気がするんです。当然、世界の他の場所にも行ってみるつもりだけど（……中略）。

　僕の日常生活については、とりたててお話しするようなことはほとんどないです。午前中は衛生局に行って研究室で何時間か働き、午後は図書館に行ったり博物館に行ったりして、グアテマラのことを何かしら勉強しています。夜は医学の文献や何か他の本を読んだり、手紙を書いたり、つまり家での仕事をしています。手元にあるときはマテを飲むし、同居人のイルダ・ガデアと果てしのない議論に花を咲かせたりしています。彼女はアプラ党員なので、僕独特の穏やかな調子であんなくそ政党なんかやめちまえと説得しているんですが。少なくとも彼女は高貴な心を持っています。彼女の助けは毎日の生活の随所に感じられます（家賃から始まって）。」

◆

のちに妻となるイルダ・ガデアの名前が手紙に出てくるのは、これが最初である。

これはいかにもエルネストらしい手紙だ。まるでひとりごちているかのように、自分のしていること、考えていること、やろうと計画していることを、無秩序に母親に語りかけている。考えては書き、頭は将来の計画を立てている。あまりにたくさんの物事の渦中にあり、またそういう物事にあまりに大きな関心を抱いているので、いつ何をするのか予定を立てることすら困難なのだった。三五歳になったら主たる職業は核物理学か遺伝学か何かその類の分野であるかもしれないと言っているが、エルネストはそういう計画の一部を実現することができた。なぜならキューバで、すでに閣僚となってからそれらの分野を仕事とし、その上さらに高度な数学も学んだからだ。そして米州が彼の冒険の舞台となるだろうという点に関して言えば、単に冒険の舞台であっただけではなく、深く米州を理解するあまり、心底から自分は米州人《アメリカーノ》だと感じるようになるのだ。

　米州の低開発諸国で見られる絶望的なまでの貧困にじかに接したとき、これらの国はどれも、ある共通点を持っているのが分かる。つまり、どんな発展も妨げてしまう、北アメリカ帝国主義への従属である。だからこそチェは、アルゼンチン人としての国籍と米州人としての国籍を融合させ、米州の全人民の解放を求めて戦おうと決意したのだった。

　彼の手紙はとても楽しく、しかし同時に大変に気を揉ませるものでもあった。私たちは、彼の思想的な成長を無鉄砲と混同していたのだ。書かれてから三〇年たった今、彼の手紙は楽しいだけではなく実に興味深いものとなっている。抑圧された人民の解放に全身全霊を注ぐ人間になりたい、という決意がますます目立つようになってくるこれらの手紙を通して、彼の思想の成熟を知ることができるのだ。

　彼はいっぺんに何もかもやりたいと思っていた。彼には時間が足りなかった。だからこそ、手紙を書くときにあれこれ計画を練ったのだった。それはいわば、知りたい、何かをしたいという熱望のはけ口のようなものだったのだ。

エルネストから母親へ、グアテマラからの手紙

「一九五四年五月一〇日

母さん

（……中略）

アサードの味がする未来も見えるのですが、[*26] グアテマラ独特の手間取りがあったものの居住許可についても話が進み、たぶん一カ月以内には、親切なお隣さんにくっついて行かなくても映画ぐらい見に行けるようになるでしょう。父さんにはもう話したと思うけど、約束してあることがあります。ごく簡単にだけど、僕の計画についても話してあります。一五日に、今の下宿を出て、この辺を通りかかった同郷人からもらった寝袋で野宿を始めることに決めました。こうすれば、どこでも好きなところに行ってみることができるでしょう。ただ、今雨期のペテンにだけは、こういう風にしては行けませんが。それに、火山のどれかにも登れるかなと思っています。前々からずっと、母なる地球（なんて美しいんだろう）の扁桃腺を覗いてやりたいという願望があったんだ。ここは火山地帯で、お好みのままの火山があります。僕の好みはシンプルなやつです。あんまり高すぎず、活動的すぎず、という具合の。グアテマラでなら、なろうと思えばすごい金持ちにだってなれるよ、でもそれはへつらってあさましい手続きをして学位を認定してもらい、診療所を開きアレルギー専門医になればのことなんだけど（ここにはそういう厚かましい同業者があふれかえってるよ）。そんな真似は、僕の中で争っている二人の僕、つまり社会主義者と旅人の、両方の僕に対する最もおぞましい裏切り行為になるでしょう。」

◆

この後はいつも通り、ありったけの愛情を込めて、家族みんなのことを思い出しながら、こう書いて母親

に別れを告げている。

「愛のこもった、そして湿った抱擁を、ここでは一日中雨が降っているから（マテがあるうちはロマンチックなんだけどね）。」

（署名なし）

◆

◆

ここで出てくる「マテ」とは彼の最高の伴侶であったマテ・クリオーリョのことである。

一九五四年五月の時点でエルネストはグアテマラにいたが、ビザはすでに切れていたし、居住許可もおりなかった。そのためエルサルバドルへ旅行し、そこでビザをとってグアテマラに戻ろうとしたのだった。

一通の手紙の中では、ホンジュラスでは労働者の二五％が仕事を放棄するというすばらしいストライキが起きていること、野党派の新聞がこの反乱を扇動しているということ、革命の気運が高まっていることなどを書いている。

グアテマラの状況については、アレバロ政権に与えた打撃を考慮に入れてもなお、アルベンス政権は尊重されるべきであると、エルネストは考えていた。

一九五四年六月二〇日、ホンジュラス軍による攻撃が始まったときのグアテマラ情勢を、母親に手紙で知

＊26アサードとは、アルゼンチンの典型的な肉料理・バーベキューのこと。したがって、ここでゲバラは、（両親に対する気休めのためか）アルゼンチンへの帰国の可能性もあることを仄めかしている。【訳註】

らせている。

◆

エルネストから母親へ、グアテマラからの手紙

「一九五四年六月二〇日

母さん

この手紙は母さんの誕生日より少し遅れて届くだろうから、僕のせいでちょっぴり不安な誕生日を過ごすことになってしまうかもしれませんね。今のところは何も心配は要らないよ、だけどこの先もそうだとは言い切れない。ただ、僕自身が狙われるようなことはない気がしますが（狙われる、というのは適当な言葉ではないけど、たぶん潜在意識が僕に悪さしてこんな言いかたをさせたんでしょう）。状況を手短かに説明しますね。五、六日前に初めて、ホンジュラスから飛んで来た戦闘機がグアテマラの領空を侵犯しましたが、そのときはホンジュラス側は何もしませんでした。

翌日から数日間、ホンジュラス軍はグアテマラ領内の各地にある軍事施設を砲撃し、二日前には、一機の戦闘機がグアテマラ市の貧民地区を機銃掃射し、二歳の女の子が殺されました。この事件がきっかけとなって、全国民と、僕みたいにグアテマラに惹かれてやってきた者全員が、グアテマラ政府のもとに団結しています。これと時を同じくして、何年も前に反逆罪で罷免された元陸軍大佐の指揮する傭兵部隊が、ホンジュラスの首都テグシガルパを出発し、そこから国境まで移動して、今やグアテマラ領にかなり侵入してしまっています。米国に侵攻国として宣告されてしまわないよう、グアテマラ政府はきわめて慎重に振る舞っており、テグシガルパに対して抗議の意を示したり、国連の安全保障理事会に事態の全容を訴えるにとどめ、偶発的な国境紛争だという、見えすいた言い草を許さないように、侵略軍

がぎりぎりのところまで入り込んでくるままに放ってあります。アルベンス将軍が果敢な人物であるということは疑う余地もありません。必要とあれば殉職する覚悟です。最近の彼の演説では、もともと誰もが承知していたこういうことをただ再確認して、落ちつきを取り戻しました。危険なのは現在グアテマラ領内に入り込んでいる軍隊の総数ではありません。こんな部隊は最下級のものですからね。また、民家を爆撃したり、誰かに銃撃を加えたりすることぐらいしかしない戦闘機でもありません。グリンゴ（ここではヤンキーですが）が国連にいる自分の子分たちをどう操るかが危険なんです。なぜなら、いくら根拠のないものであっても、宣告をされてしまうと、攻撃側にとって非常に都合のいいことになってしまうからなのです。ヤンキーたちは、ルーズベルトがつけた善人の仮面を完全にかなぐり捨てて、この地域で横暴の限りを尽くしたり、口を挟んだりしています。事態が極限に達し、戦闘機や、ユナイテッド・フルーツ社や米国が送り込んでくる最新鋭の軍隊相手に戦う必要に迫られれば、戦うでしょう。グアテマラの民衆はきわめて意気盛んで、これほどまで恥知らずな攻撃に国際ジャーナリズムのつく嘘も加わったせいで、無関心だった人びともみな政府と団結し、本物の戦闘気運が高まっています。僕はもう緊急医療支援サービスに携わるための名簿に載っているし、軍事教練を受けて何にでも出動できるように、青年団に登録してきました。大事に至るとは思えないけれど、その辺は、確か明日召集されることになっている安全保障理事会が済めば分かるでしょう。いずれにせよこの手紙が届く頃には、母さんたちもこの段階でいったいどうしたらよいのかが分かっていることでしょう。

そのほかはたいして変わりありません。この何日かはアルゼンチン大使館が閉鎖されているので、先週もらったベアトリスと母さんからの手紙の後は、目新しい知らせが届いていません。

厚生省での仕事のことは、そのうちに働かせてくれると言っているんだけど、そこの事務所も一連のごたごたですごく忙しくなっていたので、彼らが何倍も重要な問題を抱えているところへ、仕事なんてねだりに行くのもなんだかちょっと不謹慎な気がしてね。
　じゃあ母さん、この一年いろいろあったけど、どうかこの上なく楽しいお誕生日をお過ごしください。できるだけ早く、お便りします。

チャオ」
（署名なし）

◆

　わが家ではぴりぴりした緊張感が高まっていっていた。グアテマラが侵攻されれば、エルネストが防衛軍に加わらないわけはないということは分かりきっていた。みな、ブエノスアイレスに逐次入ってくる外電に釘付けになっていた。とりあえずは彼の手紙から、国際赤十字の中だけではなく青年団の戦闘員として、戦闘に加わっていくつもりだということが分かっていた。

◆

エルネストから母親へ、グアテマラからの手紙

「一九五四年七月四日
　母さん
　何もかも、あんまりいい夢を見ているような感じだったので、もう目なんか覚めなくてもいいやと思ってしまいましたよ。事態の流れはいろいろで、旧体制を最も強く支持していた人びとにごほうびの一斉射撃が加えられるのが、今に聞こえ始めるでしょう。軍が裏切り行為を働くのは毎度のことで、民主主義の本当の原則には軍の解体を含めなくては、という格言がまたもや立証されたんです。（こんな格

言などないとしたら、僕がそう信じてるんだよ)。(……中略)

まあはっきり言えば、アルベンスが状況の変化に臨機応変に行動するすべを知らなかったということです。

すべてはこんないきさつで起こりました。

前もっての宣戦布告も何も形式に則ったものがないまま、ホンジュラス側からの侵攻があってから(いまだにでっち上げの国境侵犯に対して抗議していますが)、戦闘機が飛んで来て町を爆撃していきました。戦闘機も対空砲も防空壕も持たない僕らは、全くの無防備でした。ごくわずかですが、死者も出ました。けれども国民や、とりわけ《勇敢で忠実なグアテマラ軍》は、パニックに陥りました。また、米国からの派遣軍が大統領と面会して、本格的にグアテマラを爆撃し廃墟にしてやるぞと脅迫しました。ホンジュラスとニカラグアの宣戦布告だって、互恵条約があるのを理由に米国が利用するに違いないでしょう。軍は完全に怖じ気付いてしまい、アルベンスに対して最後通牒を突きつけました。

町が反動主義者であふれかえっていること、そして家を失うと言ったって、それは失うものなど何もない、政府を擁護している国民の方ではなく、反動主義者たちの方であるということにまで、アルベンスは頭が回りませんでした。朝鮮半島やインドシナの前例があるというのに、武器を取った国民が無敵の勢力となることが分かっていなかったんです。国民に武器を与えるべきだったのに与えたがらず、その結果がこれです。

僕はというと、すでにささやかな仕事を手に入れていたのですが、すぐに失業してしまったので、また振り出しに戻ってしまいました。ただし何をおいても返済するぞと決心したので、もう借金はありません。あるいい友達が恩返しをしてくれたおかげで、快適に生活しており、なにも不自由ありません。

今後どうするかは全然分かりませんが、たぶんメキシコに行くだろうという気はしています。ちょっと恥ずかしい話ですが、この数日間、僕はばかみたいに心が踊りました。戦闘機が飛んできたとたん、人びとが狂ったように逃げまどうのを見たとき、また停電の中で町が蜂の巣にされているとき、前の手紙で書いた、あの魔法のような不死身の感覚がわいてきて、僕はうれしくて舌なめずりする思いでした。話のついでにいっておくと、軽爆撃機もそれなりにすごく迫力があります。僕がいたところから割と近い標的のうえを遠ざかっていく一機を目にしたんですが、機体が刻々と大きくなって来るのが見え、比翼が断続的に火を吹き、散弾とそれを発射している軽散弾銃の轟音がとどろくのが聞こえました。いきなり、空中に一瞬水平に静止したかと思うと、続いて急旋回し、爆弾のせいで地面が轟音をあげるのが感じられました。今はすべて片が付いて、勝利を祝福するために、そしてやつらが共産主義者と呼んでいる前政権の人びとを全員リンチにかけるために、地面からアリのように這い出してきた反動主義者たちが鳴らす爆竹の音が聞こえるのみです。大使館は満杯状態で、中でもメキシコ大使館とアルゼンチン大使館は最悪の状態です。こういうことはみんなすごくいい運動になるんだけど、明らかに、少数の良く肥えた人たちにはだまして運動させるつもりだったんだよ。

この政権がどうなっていくのか知りたいですか？　ならいくつかの情報を流してあげましょう。最初に侵略者たちが占拠した町のうちの一つは、労働者がストライキを行っていたユナイテッド・フルーツ社の所有地でした。到着後すぐストライキの終結を宣言し、指導者たちを墓地へ連れていって、胸に手投げ弾を投げつけて殺してしまいました。ある夜、町が暗闇に包まれ戦闘機が飛び回っているときに、大聖堂からベンガル花火があがりました。一回目の神への感謝は司教が捧げ、二番目はユナイテッド・フルーツ社の顧問弁護士であるフォスター・ダレスが捧げました。七月四日の今日は、完璧にととのえた厳かなミサが執り行われ、新聞はどれもこの日のために常識はずれの言葉で米国政府を祝福しています。

　母さん、この手紙をどうやって送るか考えてみます。というのは、もし郵便で送ったりすると神経を切られてしまうからね（信じるか信じないかは母さんの自由だけど、ここの大統領は、この国は神経がちゃんと通った国だと言っていたよ）。みんなに大きな抱擁を。」

◆

エルネストから伯母のベアトリスへ、グアテマラからの手紙

「一九五四年七月二二日
ベアトリスおばさんへ
（……中略）
　ここでは銃撃や爆撃があったり、演説が行われたりして、僕の単調な生活に終止符が打たれ、何もかも大変面白かったです。まだ何日かは決めていないけど、数日中にはメキシコに向けて出発するつもりです。メキシコで鯨のネックレスを売ってひともうけするんだ（……中略）。
　どちらにしても、次に戦闘が起きたら駆けつけようと思ってるから、注意を払っているつもりです。だって、どこかしらで戦闘が起きるのは間違いないからね。何しろヤンキーどもは、どこかしこで民主主義を擁護して歩かないと気が済まないんだから（……中略）。
　冒険家の甥っ子から、強い抱擁を。」

◆

伯母に書くときはいつも冗談を言って、ぴりぴりとした緊張感を和らげてやろうとしていた。彼女に対して手紙を書くときは、革命をまるでお遊びのようにとらえているかのようだが、先のほうでは「次に戦闘が起きたら駆けつけようと思ってるから、注意を払っているつもりです」と明言している。低開発諸国の民衆が世界帝国主義による搾取から解放されるためには、武力闘争以外の方法はないということを、エルネストがすでに自覚するようになっていたのは明らかだった。

◆

エルネストから母親へ、グアテマラからの手紙

「一九五四年八月七日
　母さん
(……中略)
　僕のグアテマラでの生活のことについては、もう何もお話しすることはありません。なぜなら生活のリズムはすっかり、ヤンキー独裁下に置かれたどの植民地とも同じものになってしまったからです。ここでの僕の用事は済んだから、メキシコに逃げ出すことにするよ(……中略)。」

◆

「またね」といって心のこもったお別れを述べ、署名はしていない。

　割愛したが、この手紙には家族に対することづてや知らせがいっぱい書かれていた。私たちはいつでも彼からの知らせを待っていた。その当時は、カスティージョ・アルマス政権派でない者は皆、生命の危険にさらされていたし、エルネストのように左派として戦闘活動を行った人間など、もってのほかだったのだ。
　この手紙では、母親に、メキシコへ向かうがそこから先はどこへ行くか分からない、と書いている。アルベンス政権の惨憺たる崩壊劇のために、彼が方向性を見失っていたのは明らかだった。

◆エルネストから両親へ、グアテマラからの手紙

「一九五四年八月

父さん、母さん、

(……中略)

アルゼンチン大使館に避難し、好待遇を受けましたが、公的な被保護者リストには載りませんでした。騒ぎはもうすっかりおさまったので、数日中にメキシコへ出発しようと思っていますが、あらためてお知らせするまでは、ここ宛に手紙をください(……中略)。

僕宛に山ほど服を送ってきてくれたけど、僕のことでずいぶんたくさんのお金を使ったんだね。こんな言い方はちょっと《きざ》かもしれないけど、僕はそんなことをしてもらうのにふさわしくないんです(実際、近いうちにそれにふさわしいような人間に変身できそうな気配もないし)。服は全部は使わないと思うよ。荷物は少なく、健脚と托鉢僧のような胃袋を持て、というのが僕の最近のモットーだからね。僕のグアテマラの同志に謹んで抱擁を捧げてください、それからあなたたちの元に着く若者たちにできるだけ良くしてやってね。

これがみんな平静に戻って、別な調子でことが運ぶようになったら、父さんたちにももっとすっきりした手紙を書こうと思っています。みんなにこの長男からの抱擁を。驚かしてばかりでごめんなさい、でも僕のことは忘れてください。いつだって、思いもかけないことが起きるものです。米州では餓死する人なんていないし、たぶんヨーロッパでもそれは同じことでしょう。

◆

この手紙は非常に読みづらい手書きの文字で書かれていた。

グアテマラから届いた終わりの方の一通である。衣服とお金を送ったときに私たちは、エルネストにアルゼンチンに戻ってくれるように頼み、またそうしてくれるものと信じていたが、今となっては彼が戻らないだろうと確信した。今は、息子を別なふうに見るようになっていた。つまり、エルネストは、ザックを背負って「徒歩で」旅を続け、食べものにこだわらず、心に決めた道を進み続けるのだと。なぜなら、今のエルネストは明らかに、カリーカ・フェレールとともにブエノスアイレスからボリビアへと旅立つときに口にした、あの米州の兵士そのものだったからだ。

「いつだって、思いもかけないことが起きるものです」とは、宿命主義的なものの考え方をする姿勢から出た言葉だが、その後には私たちを安心させるために、「米州では餓死する人なんていないし」と言って調子を和らげている。そして驚かしたことを謝り、自分のことは忘れてくれと言っている。まったく、ここまで筋の通った頼みごとがあったものだろうか。彼を許す？　そういう問題ではなかった。彼を忘れる？　その当時も、今も、これからも、彼のことを忘れることなど絶対にあり得ないのに。

◆

ティタ・インファンテへ、グアテマラからの手紙

「一九五四年八月、グアテマラにて

ティタ

すべては遣いの人が最終的にどこに向かうかに左右されているので、あなたがこの手紙をいつ受け取

ることになるのか、そもそも受け取れるのかどうか、それすら分かりません。だからここでは何がどうなったのかについてはいっさい書かないことにします。僕はただ、あなたをこの遣いの人に紹介したいだけなのです（……中略）。彼は、グアテマラからの亡命生活を送る間の祖国として、アルゼンチンを選んだ医学生です。アルベンスが失脚するまで忠実に協力していたブルジョア政党の一つに属していた人で、グアテマラをうろうろしていた僕たちのような半亡命アルゼンチン人たちの行く末を案じてくれたのです。だからこそ、彼にいろいろアドバイスして助けてあげてほしいし、必要なことがあったら力になってあげてほしいのです。何しろ初めてパンパへ行って貧乏生活をするとあって、当然いろいろ行き詰まることがあるだろうから。

この紹介状があなたの元に届く前にきっと手紙を書くでしょうし、今は自分のことは何も書かないことにします。ちなみに僕は、メキシコを目指す自主亡命を続けます。メキシコからはヨーロッパまでひとっ飛びし、またできれば、中国に行きたいのです。

世界のどこかで本当に抱きしめることができるその日までは、手紙の中であなたの友達からの愛情のこもった抱擁をお受け取りください。

エルネスト」

グアテマラの政治亡命者たち

アルゼンチン共和国の大統領であったフアン・ドミンゴ・ペロンは、カスティージョ・アルマス将軍が米国の支援によりグアテマラの政権を握ったとき、アルゼンチン大使館に庇護を求めてきた人びとを、政治亡命者として受け入れていた。

この任務を遂行するため、ブエノスアイレス州のパロマール空港から、一〇〇人を越える亡命者たちをアルゼンチンの首都に輸送する軍用機が数機飛び立っていった。私の知り合いだった一人の空軍大尉が、チェ宛の手紙と、衣服と、食糧と、お金を運んでくれることになった。

一九五四年の七月が終わろうとしていた。エルネストが亡命者たちと一緒に帰ってこないことは分かり切っていたが、それでも手紙を引き取りにパロマールへ出かけていった。軍用機の大尉と話をしたが、エルネストはアルゼンチンに帰国するようにとの勧めを断り、メキシコに移動するだろうということだった。それから、今してきたばかりの旅にまつわる興味深いエピソードをひとつ聞かせてくれた。チリのサンティアゴ市の飛行場を離陸して高度を上げていく際に、エンジンの一つに少々不具合が起きているのに気がついた。そのため、アルゼンチンに入るのに、サンティアゴ市の目の前からではなく、一番低くなっている南の方でアンデス山脈を越えることに決めた。まさに山脈を越えている最中に、だんだんだめになってきていたエンジンが止まりそうになった。

引き返すのは不可能で、高度をどんどん低くしながらも、たった一つのエンジンで一番近いアルゼンチンの飛行場まで行くしかなかった。

不時着の危機に直面し、次第に飛行機の高度が下っていく中で、余分な積み荷をすべて捨てていくことを決め、旅行荷物や箱やその他のものを地上に放り出していった。

幸運にも飛行機はラ・パンパの飛行場に着陸することができ、エンジンの故障を修理してから、パロマールへと飛び続けた。

ブエノスアイレスにやってきた亡命者たちは全員移民用の宿泊所に収容され、ペロンの命令によって、そのうちの三〇人あまりが共産主義者のレッテルを貼られて、ビジャ・デボトにある被告人収監用の牢獄に移された。このようにして、ペロンは米国との良好な関係を保ったのだった。彼らは数日間だけ拘留されて、その後は解放された。

私たちは、手紙の中に書かれたチェの頼みごとに応えるために、できる限りの方策をつくして、彼らの多くのためにブエノスアイレスでの仕事を斡旋した。

グアテマラ

エルネストは一九五三年の年末にグアテマラに入り、アルベンス将軍の失脚後まで滞在した。滞在中は、本を読んだり、勉強したり、何かしら医療に関係のある仕事をしたり、またいつものように、遺跡めぐりをして、考古学に対する情熱を満足させていた。

メキシコに向けて出発するときには、ブエノスアイレスの私たちのところへ、一〇〇冊以上の統計学や経済学やら地理学やらの本が詰まった箱を送ってよこしたが、それらの大部分は政治・社会問題を取り扱ったものだった。なにもかもが、こうした分野全体に、日に日に関心を強めていたことを物語っていた。今日の私たちにとって、手紙は興味深い彼の生の証ではあるが、彼の熱望や計画の完全なガイドではない。これらの手紙はとても多弁で、おもしろおかしくて、内容も濃いものだが、「何か」が欠けていた。その「何か」とはまさしく彼の人生に起きた方向転換のことだったのだ。彼の人生は今や、徐々に知るようになっていった国々のことや、北アメリカ帝国主義の産物として彼らを苦しめている経済的圧迫について学ぶという確固とした方向性をとっていた。

手紙の中でホワイト教授にふれたことはなく、ただ単に友達になった「グリンゴ」とだけ書かれていた。ホワイトとは誰であるのか、正確なところが分かったのは、チェがキューバに向けて出発してからだった。

彼がグアテマラやメキシコで知り合った何人かの重要人物についても、同じようなことがあった。そんな人物の一人に、アルフォンソ・バウエル・パイス博士がいた。彼はその頃、国営農業銀行の頭取を務めており、グアテマラ革命党（ＰＧＲ）の政策委員会のメンバーでもあった。

バウエル教授はチェとイルダ・ガデアの友人だった。一九七七年、キューバ在住で法務省の顧問として働いていた当時、グランマ紙の記者、アルド・イシドロン・デル・バジェとの記者会見に応じ、その内容は一九七七年一〇月二九日に同紙に掲載された。ここに抜粋したチェについての言及はそこから引用したものである。

「彼は、むしろ落ちつきのない陽気な学生といった風貌の、若い医師だった（……中略）。チェはイルダ・ガデアに、私と知り合いになりたいと言っていた。私がアルベンス政権で要職に就いていて、グアテマラ政治に精通していると知ってのことだった。

だが、エルネストは医者なのに、医者であった私の兄弟たちではなくなぜこの私、経済学者を趣味でやっている弁護士の私になど興味を持つのか、どうしてもいぶかしく思ってしまった。後になって分かったのだが、彼は専門家を探していたわけではなかったのだ（……中略）。エルネストの天性の才能[27]、素朴で、率直で、快活な才能は、もう一人の来訪者のもったいぶった態度とは好対照をなしていた（……中略）。

会話は盛り上がったが、それはエルネストがすばらしい会話の才能の持ち主であったためだけではなく、そこで取り沙汰された話題のせいだった。あの午後、米州の政治問題をめぐる長い議論が始まり、夜更けまで話し込んだのだった。

あのとき何について話したのか、こう何年も経ってしまってからでは細かいところまでは思い出せないが、だいたいのところを言えば、とりわけペロニスモや、ベネズエラの民主行動党の活動や、アプリスモや、その手の潮流について話し合ったのだ。私たちはグアテマラ情勢についても分析した（……中略）。

歴史的事実を何一つ曲げずに言うが、あの親密な会合の参加者であった私たち三人の、政治意識のレベルは次のようなものだった。つまり、リカルド（ロホ）はアルゼンチンの急進党員で自由派であり、エルネストと私とは、マルクス主義イデオロギーにかなり影響を受けているとはいえ、自分自身の政治思想としてはまだ、四〇年代と五〇年代初頭にかけて大変に流行したポプリスタのテーゼに基づく独自の政治思想を持ち続けていた。」

バウエル博士がここで述べていることは、エルネストの人物像に関してはまったくその通りだと思う。しかし、私自身彼の手紙を読んで確信を持っているのだが、チェはすでにポプリスタ路線を克服し、マルキシズムに入っていたと思う。

バウエル博士はこう続けている。

「だからこそ、私たちが交わしたあのとりとめのない会話のなかで、フアン・ホセ・アレバロのような人物の名前が共感をもって持ち出されたりしたのだ。思い出してみると、ビクトル・ラウル・アヤ・デ・ラ・トーレやロムロ・ベタンクール、ホセ・フィゲレスといった連中が、日に日に悪評高くなる日和見主義的な態度をとり、ご多分に漏れずワシントンの政治の利害に加担するようになりさがるだろうと指摘した点

*27 リカルド・ロホのことを言っている。

でも、わたしたちは意見が合っていた。」

バウエルも言うとおり、細かい点まで思い出すには、当時からあまりにも長い年月が流れていた。そのせいで、チェの政治・社会的な思想を完全に評することができなかったのだろうと私は考えている。

私の計算によれば、この会合は一九五四年の三月か四月頃にもたれたはずだ。もうその頃には、カール・マルクスのことを「聖カルロス」などと呼んで話題にしている手紙からも、チェのマルクス主義への傾倒を推察することができた。

バウエルはこう続けている。

「エルネストは、アルベンスを支える政党間のまとまりのなさを批判した。革命行動党、グアテマラ革命党、国家改革党などの政党と、共産主義思想を持った、外部から介入され分裂したPGT（グアテマラ労働党）のことである（……中略）。この政治連合のなかでPGTは、少数派ではあるが、農地改革の分野や経済に関する重要な側面で、また労働問題や外交政策に関して、政策決定におけるヘゲモニーを維持していた。

この連帯は、実質を伴わない、むしろ表面的なものだった。エルネストはこうした細かな点を指摘し、しかも、すでにその衝撃が予感されていた、ヤンキー帝国主義の脅威を強調していた。エルネストは、人民による自衛組織が必要で、戦いに備えねばならないと考えていた（中略……）。

あの夜の会合で、人生で最も名誉なことが、運命によって自分に与えられていたとは、思いもよらなかった。驚くべき偉業によって、私たちの時代の英雄・革命家・解放者の代名詞となるに至った人物と親交を結ぶとは。あのエルネスト・ゲバラ青年の中に、チェという英雄的なゲリラを予見し、見抜くだけの力が当時の私にあったなら！（……中略）。

エルネストには、グアテマラではあまり顔を合わせなかった。帝国主義国が首都を日々繰り返し空襲していたため、あの国は非常に混乱した時代を過ごしていた。」

政治的に重要なこの人物がチェに関して述べていることは、「米州の兵士」の旅として描き出された、彼の旅の本当の意味が何であったのかについて、一つの見方を提供してくれている。

彼が手紙を書くときには、厳重なまでに名前を省いたり、場所を明かさなかったり、地位をごまかしたり、日付を隠したり、彼が何らかの革命闘争に積極的なかたちで加わっていく可能性に対する私たちの注意をそらそうとしたりしていたが、彼の決意の核心にある真実が何なのかを私たちが知るようになるにつれ、そうした手だては次第に崩れていった。

第三章　グアテマラ、及び米国の労働者階級に関する考察

エルネストは、グアテマラを出国してメキシコへ向かうさい、手紙やら本やらさまざまな書類やらの入った郵便小包を送ってよこした。

その中には「グアテマラのジレンマ」と「アメリカ合州国の労働者階級……敵か味方か？」と題された、二つの小論文が含まれていたので紹介しておこう。

グアテマラのジレンマ――エルネスト・ゲバラ・デ・ラ・セルナ

この米州大陸を旅したことのある人ならば、明らかに民主主義的ないくつかの政治体制について、軽蔑的な言葉が吐かれるのを耳にしたことがあるだろう。これは、スペイン共和制の時代とその崩壊に由来している。スペイン共和制については、この体制はホタ［スペインのアラゴン、バレンシア、ナバーラ地方の民俗舞踊］を踊るぐらいしか能がない愚か者たちがつくったものだったが、フランコが秩序を取り戻してスペインから共産主義を追放したのだ、と言われていた。その後、時間が経つにつれて、この意見にはいっそう磨きがかかっていき、認識も画一化されて、死んでしまった民主主義にさらに石を投げつけるような、だいたい次のような成句まで出た。「あそこには自由《リベルター》などなかった、あったのは放埒《リベルティナーへ》だけだ」。新しい時代の到来の夢を米州に与えてくれた、ペルーやベネズエラやキューバの政府も、このように定義された。そのような国々の民主主義勢力が、抑圧の技術を学

ぶために支払った代償は高くついた。封建的ブルジョア階級と外国資本の利益を保護するのに必要な秩序を維持するために、罪のない犠牲者たちが大勢生け贄として差し出された。愛国主義者たちも今や、血と武力をもってしか勝利は手にできないということ、決して裏切り者を許してはならないということを学んだ。正義による米州統治を保証するには、反動的な勢力を一掃するしかないということを学んだのだ。

グアテマラを評して《放埒》という言葉が再び使われるのを耳にしたとき、この小さな共和国のために恐怖を感じた。この国とボリビアで結実した、ラテンアメリカ人の夢の復活は、前例となった国々のそれと同じ道をたどる運命にあるのだろうか？　ここにジレンマがあるのだ。

政権を支える基盤を形成しているのは四つの革命政党だが、そのうちPGTを除くすべての政党が、二つ以上の敵対する派閥に分裂している。内輪もめのせいでグアテマラ人の目標など忘れ去ってしまい、内部で繰り広げられる論争のほうが、封建主義という昔ながらの敵に対してよりももっと熾烈なのだ。そうこうしているうちに、反動勢力は罠を仕掛けていく。あの北の国ではどっちがどっちかなど区別もつかないが、米国国務省あるいはユナイテッド・フルーツ社が、地主や偽善的なブルジョアジーや信心面をした連中と堂々と手を組み、カリブ海の真ん中に吹き出物のように出現した高慢ちきな敵を黙らせようと、ありとあらゆる企てをしている。相当恥知らずな干渉も許されるような流れにもっていくための裁定が下るのをカラカスが待っている間、解雇された軍人や恐れをなしたコーヒー農園主などは、となり近所の悪質な独裁者たちと手を組もうと模索している。

完全に言論の自由を奪われた周辺諸国の新聞は、たった一つの許された音符で《指導者》に対する賛歌を奏でるぐらいのことしかできない一方で、グアテマラでは、《独立系》で通っている新聞が、政府とその擁護者に対する見え透いた大嘘の洪水を巻き起こし、思うままの空気を作り出している。しかも、民主主義がそれを許しているのだ。
《共産主義勢力のメッカ》は、見事なほど単純かつ気楽に構えており、自らの民族主義的な基盤が弱まっていくのを傍観している。米州の夢をまたひとつ、見殺しにしようとしているのだ。
同志よ、ついこのあいだのことを少し振り返ってみたまえ、逃亡したり殺されたり囚われの身となった、ペルー・アプラ党の指導者たちのことを。ベネズエラの民主行動党の指導者たちのことを。バティスタによって暗殺された、立派なキューバの青年たちのことを。詩人で兵士であったルイス・ピネーダの体に開けられた、二〇もの穴のことに思いを馳せてみたまえ。ベネズエラの牢獄によどんだ毒気のことを考えてみたまえ。恐れることなく、しかし注意深く、良い見本となっているこれらの過去を振り返り、そして答えるがいい。《グアテマラの未来も同じなのか？》という問いに。

　そのために、これまで戦ってきたのか、そして今も戦っているのか？　ラテンアメリカの希望を現実のものとする人間は、大きな歴史的責任を負っている。もう遠回しな言い方はやめるべきときがきたのだ。暴力には武力でもって応えるべきときがきたのだ。そして、もし死が避けられないものであるのなら、その死はアサーニャのような死ではなく、サンディーノのような死[*1]でなければならない。しかし、裏切りの武力がグアテマラ人の手によって使われてはならない。自由を殺してしまいたいのなら、自由を隠そうとしている者たち自身に手を下させるべきだ。生ぬるいやり方ではだめだ。裏切りは許すな。ひとりの裏切り者の血が流されないがために、人民を擁護する多くの勇敢な人びとの血が流されるようなことがあってはならない。米州グアテマラのとある詩人が用いた、ハムレットの古い二者択一の問いを、私はつぶやく。《あなたは生きているのか死んでいるのか、それともあなたは誰なのか？》。グアテマラ政府を支持している勢力が、その答えを握っている。

（一九五四年四月頃）

アメリカ合州国の労働者階級……敵か味方か?——エルネスト・ゲバラ・デ・ラ・セルナ

世界は現在二つの異なる陣営に分かれている。良きにつけ悪しきにつけ資本主義が行われている世界と、社会主義が築かれた世界だ。しかし資本主義的制度を持った国々も、一括りにはできない。これらの国々の間には、顕著な違いが見られるからだ。

植民地化された国々がある。そこでは、外国資本と手を結んだ地主階層が地域住民の生活を牛耳り、私利私欲のために国家を後進状態のまま引き留めている。アジア・アフリカ・米州のほとんどすべての国はこの中に分類できる。資本主義はまだ国境を越えて入ってきてはいないが、早急な解決が求められる問題を引き起こすほどには外国資本の介入も目立っていない、という国はほとんどない。こんな状態にある国は、極端に発展したプチ・ブルジョア階級のいる、ヨーロッパの何カ国かだけだ。そのほかに、植民地帝国主義またはプレ帝国主義と呼ぶことができる、興味深い国々のグループがある。そこでは、経済の特徴は完全には工業国的ではないものの、支配的な親資本と組んで、近隣諸国の市場の争奪合戦を繰り広げている。(ここで言う近隣諸国とは、大部分が明らかに植民地国のグループに属しているという特徴を持っている)。アルゼンチン、ブラジル、インド、エジプトなどが、そうしたケースの代表例だ。これらの国々の最大の特徴は、一定の指導力を行使する国々を基盤としたブロックを築く傾向にあるということだ。

＊1アサーニャは一九三六~三九年、スペイン人民政府大統領を務めたが、その後フランスに亡命し、そこで死亡した。サンディーノは前出のように、ニカラグア解放闘争の途上で暗殺された。このふたつの「死」のあり方を、ゲバラは対比したかったのだろう。【訳註】

最も重要なグループのひとつに、第二次世界大戦後、帝国主義的拡大に歯止めがかかってしまった国々から成るものが挙げられる。オランダ、イタリア、フランス、そして最も肝心な例として、イギリスなどが当てはまる。われわれも大英帝国の解体に立ち会ったが、その代理人たちは今も抗《あがら》っている。当然のことながら、抑圧された国々の自由に対する正当な渇望を前にして、北アメリカの大資本による略奪がエスカレートし、うまく利用して自分の利益をあげようと危機へと駆り立てている（イランのケース）。

最後のグループに含まれるのは、まさに今拡大しつつある帝国主義諸国であるが、今のところはラテンアメリカ最大の問題である米国のみが含まれる。最大限まで工業化して資本主義帝国の特徴をすべて持ち合わせた米国でなぜ、資本と労働を真っ向から対立させるような矛盾が感じられないのだろうか。その答えは、この北の国の独特な状況にある。差別され、大反乱の先陣を切る可能性を秘めている黒人たちを除いて、（当然だが仕事を持っている）他の労働者たちは、資本主義企業が通常支払う額を大きく上回る高給を得る、という恩恵に浴すことができている。それは、剰余価値の必要性から通常求められるような賃金のレベルと、実際に支払われるものとの差額が、アジア人とラテンアメリカ人という、二つの大きな民族共同体を出自とする労働者グループによって、充分すぎるくらいに補われているおかげなのだ。

激動のアジアには、自らの解放にこれまでにないほどの信念をもって戦った中国人民の輝かしい勝利という前例があり、異常なほど安い労働力を用いる第一次産品資源は、ゆっくりとではあるが、帝国主義資本の活動範囲外に置かれるようになってきている。しかし資本側は、まだまだこの敗北を骨身から苦しむことにはならず、それをまるごと労働者の肩に背負わせるのだ。アジアの勝利の一部はわれわれラテンアメリカ人に打撃を与えたが、米国の労働者もまた、失業や実質賃金の低下というかたちでその衝撃を感じとっている。政治文化が全く欠如した大衆は目先の悪しか目に入らないし、そこでは、《民主主義に対する共産主義の蛮行》の勝利こそが目の前に示されているものなのだ。武力による反発は筋の通ったものであるが、実行に移すのは難しい。アジアは非常に遠く、祖国の理想のためなら死もいとわない覚悟のある人びとがたくさんいる。米国のブルジョアジーは少数派だが強大な政治的影響力を握っており、たとえごく低い割合でも自分の息子たちが外国で死ぬことなど許さない。短期間でアジアを徹底的に失ってしまい、帝国主義勢力は二つの道のどちらかを選択すべき岐路に立たされている。社会主義者や民族主義的な情熱をもった人民という敵を相手に全面戦争を繰り広げるか、今のところ支配可能な二つの大陸、アフリカと米州に行動範囲を限定するかだ。もちろん、人命を失うことなく自らの軍需産業を維持していける程度の、限られた小規模戦闘を続けながらである。こんなことが可能なのは、ご主人様が投げてよこすつまらぬ餌と引き替えに自分の国を犠牲にしても構わないと思っている裏切り者の統治者が、いつも必ずいるからだ。

米国は全面戦争を恐れているが、それは今の時代、報復を恐れるあまり核攻撃を仕掛けることができないためで、《正統派》の戦争が起きれば全欧州は瞬時に敗北し、アジアもまた、短時間でほとんど壊滅状態になってしまうだろう。このような枠組みの中で、米国としては、米州はもとよりアフリカで最近手に入れつつある獲得物を守る方向にますます傾きがちだ。両大陸における展望には差違がある。米州では完全な支配力を持っており、干渉を受ける余地はないが、アフリカ大陸ではごく小規模な縄張りしかないうえ、アフリカ大陸全体を分割している二義的な国家を通じてしか支配力を行使することができないのだ。だからこそ、内部紛争やナショナリズムから起きるデモなどに対して寛容な姿勢をとっているし、米国自身がたきつけている場合すらある。伝統的な支配者たちを徐々に弱体化させていって、自らの帝国主義的権力を増強しようというのがねらいだ。

さて、真のナショナリズムは、どんなかたちで表れようと、抑圧者すなわち独占資本からの解放へとラテンアメリカの人民を向かわせるが、その資本の所有者の大部分は米国内におり、米国政府の決定に対し強大な影響力を持っている。政府の顔ぶれやこういう輩たちの重要企業との結びつきが、米国の近隣諸国のとる政治的態度を判断するカギとなる。このような優柔不断な時代に、しかも米国がいわゆる自由主義世界を指揮する立場に立っている今は、よほど強力な口実がない限り、どの国にでも攻撃を仕掛けたり干渉したりするわけにはいかなくなった。そこで捻出され、彼ら自身が強化していっている口実というのが、《世界共産主義》である。核となるこの論点があるおかげで、今のところ、組織的な嘘を近代的プロパガンダにきわめて効果的に利用することができるし、のちのちはおそらく経済干渉や、そうなれば当然、武力干渉まで振りかざすことになるだろう。

この防御システムはすべて、現行制度の維持を願う資本家たちにとって不可欠なものであるし、一定の期間内では、北アメリカの労働者たちにとっても重要なものである。なぜなら、安価な第一次産品が突然失われれば、資本―労働間の矛盾に内在する紛争をすぐさま誘発してしまうだろうし、その結果は、生産手段を掌握することができないまま、労働側にとって破滅的なものになるだろうからだ。この北の国の労働者階級にもっと広い視野でものを見るように強制することなどできない、と私は断言する。もうしばらくは資本主義の内部崩壊のプロセスを食い止めておくことができるだろうが、ラテンアメリカを植民地状態に保つための全体主義的な方策によって、そのプロセスを止めることなど絶対不可能だなどということを、報道機関が完全に巨大資本の手中に収まっている状況下で、遠く離れたところから説明しようとするのは無駄な骨折りだ。ある程度理屈にかなっているといえる労働側からの反応として考えられるのは、この場合でいう《反共》のような、なんらかのスローガンを旗印に、米国に付き従うことだろう。しかし一方で忘れてならないのは、米国における労働組合の役割はむしろ、紛争状態にある二つの勢力間の緩衝材といったところで、密かに大衆の革命勢力を弱めているのだ、ということである。

こうした経緯や米州の現実をみるにつけ、市場と安価な第一次産品の徹底的な喪失という問題がいよいよ決定的となったときに、北の国の労働者階級がどのような行動をとるかは容易に推察できる。

私の理解するところでは、これこそが、われわれラテンアメリカ人が直面している、火を見るよりも明らかな現実である。結局のところ、米国の経済成長と、生活水準を維持するという労働者側の必要が要因となっている以上、解放闘争がたたかうべき相手は現存の社会体制ではなく、ラテンアメリカの経済生活を犠牲にして得ている既得権益を守るために利益共同体という最高法によって武装し、一大勢力に結集したひとつの国なのである。

だからこそ、米国の全人民を相手取って戦う準備をしようではないか。勝利によって得られる戦果は、経済的解放と社会的平等だけではなく、新しい、歓迎すべき弟、つまり米国のプロレタリアートの獲得でもあるからだ。

（一九五四年四月頃）

第四章 「中道は裏切りの一歩手前……」

ティタ・インファンテに宛てた、メキシコからの手紙

「一九五四年九月二九日、メキシコにて
ティタ
グアテマラから距離的にも精神的にも遠く離れてしまった今、返事を書こうと思ってあなたからの手紙にもう一度目を通すと、奇妙な感じを受けました。あなたが、自分には何もできないと絶望するあまり、何かこう独特な情熱をもっているような感じで、本当に心を打たれます。それは主に僕のせいだと思いたいところなんだけど、思うに一番大きいのは、グアテマラによって引き起こされた部分でしょうね。グアテマラの内と外にあって、僕たちは同じことを感じていたんですね。スペイン共和国と同じように内外で裏切られましたが、(蒸し返すようで悪いんだけど)スペインのときのような威厳は僕たちは持ち合わせていなかったんですよ。スペイン共和国の時とは時代も違うし、僕があなたのもとに送り込んだ仲間たちが説明したことも全部別ものでしょうが、でもいずれにせよ何かが足りなかったのです。ここから見ると、物事がまるきり別の展望をもっているように見えるし、それにだんだん分かってきたことなんですが、メキシコはこの悲喜劇の中では、スペイン共和制の場合のフランスと同じような、悲しい役まわりを果たしていたんですね。ここで感じられる雰囲気は、グアテマラとは全然違います。こ

の国でも言論の自由があるにはあるのですが、ただしどこか別のところでその代償を支払えるなら、という条件付きなんです。つまり、ドル民主主義の空気が流れてるんです。はっきり言って、メキシコのもっとも優れた詩人が、《ロシアに入れ込む》なんてグアテマラはどうかしていた、なんて言うのを聞くくらいなら、遺跡にでもこもってしまった方がましですよ。グアテマラの敵が共産主義者たちだったなんて。誰が戦闘機にお金を出したのか、今みたいな操り人形にしてしまったのは一体誰なのか、そんなこんなも全部、もう忘れてしまったんです。

アルゼンチンは、個人個人の勇敢さが自明の必要条件とされているこの国よりもずっと首尾一貫した政策をとれるように、膨大な数にのぼる腰抜けたちの間に力を結集しているのです。

僕の願望は変わっていませんし、一番近い目的地は常にヨーロッパで、次はアジアです。どうやって行くかは、また別問題として。メキシコについては、一般的な印象のほかには、特にこれといってはっきりしたことはお話しすることができません。僕についても同じです。あなたが選んだどうしようもない専門なんかもう終えていて欲しいな、ひょっとしてまだ続けているんでしょうか。それからどこか他の場所へ飛び立っていくために、急いで翼のコンディションを整えていてくれることを願っています。どこかの男が、結婚という平凡なはさみでその翼を切り落としてしまうのでもない限りね。

ティタ、いつもあなたのためにとってある抱擁をお受け取りください。あと、グアテマラの手紙みたいな美しい手紙をありがとう。

エルネスト」

◆エルネストから伯母のベアトリスへ、メキシコからの手紙エルネストがグアテマラのアルゼンチン大使館に滞在している間は、彼からたくさんの手紙を受け取っていたが、あるときぱったりと手紙が届かなくなった。知らせがないので心配していたところ、一九五四年の九月末に、私の姉ベアトリスのもとに次のような手紙が届いた。

「よーく見てよ、メキシコだよ、メキシコ。九月末

おばさん

賄賂の横行するメキシコ市、というよりメキシコという国は、図体の大きい動物特有の無関心さで僕を迎え、僕を撫でもしなければ牙を剥きもしませんでした。(神様は不本意かもしれないけど)僕がどこかの危険な国境越えで死んだわけではなく、ここにいるのだということをみんなに知らせるために、さっそく手紙を書いています。みんなから見れば僕が一番やりそうもないと思っていたことだろうけど、合法的な入国に必要な書類をすべて発行してもらえるように頼むと、驚くほどの速さで対応してもらえました。」

◆

エルネストは、メキシコで映画の脚本を書く仕事に携わっていた私の古い友人、ウリセス・プティ・ド・ミュラに会うつもりだった。

そしていつものように、愛情をこめて、しかしからかい半分に、手紙を結んでいた。

◆

「おばさんと一緒に、エルシリアス母娘にも、僕からの抱擁と控えめなキスその他を送ります。もし、

お金に少し余裕があったら、クアウテモック通りの三つ目の下水管を左に曲がったところにある僕の大邸宅へ遊びに来てください。僕は八階を片づけているから、そのあいだにアルゼンチン領事館に手紙をくださぃ（……中略）。」

◆

この手紙のおかげで私たちは安心した。エルネストはもうメキシコにいる……つまりグアテマラの外に。それは私たちが最も望んでいたことだったのだ。

◆

エルネストからの手紙、一九五四年九月三〇日付け

「父さん

もうメキシコをさんざ歩き回って、ここでは簡単にはいきそうもないということが分かってきたよ。でも防弾チョッキ並みの頑丈な心意気で来ているから。プティはとても親切にしてくれて、メキシコのいろいろな場所を案内してくれ、しかも自分の家に住み込んではどうかと申し出てくれましたが、僕はある程度の独立を保てたほうがいいんです。少なくとも、父さんたちが送ってくれたお金があるうちはね。プティが言うには奨学金があって、それさえあれば僕の経済的な問題は解決するし、何かを勉強できるばかりか、自分のやりたいこともやれるんだけど。これだけ時間が経ってれば、それも悪くないかなと思うんだけどね（……中略）。

しばらくしたら、米国のビザを取って、あっちへ渡っていちかばちかやってみようかと思っています。でもそれまでには数カ月かかると思うし、それより早まることはないと思う。」

◆

私たちは再び、エルネストはまだ医学に専念して学者になるという夢を捨ててはいないのだ、と思った。おそらく、確信が持てるようになるまでは、メキシコ国内の政治問題には用心深く接していようと決めていたのだろう。この手紙には政治的な分析は何も書かれていない。

グアテマラでの出来事はエルネストにとって教訓となった。メキシコには、きちんと書類をそろえて入国したし、打倒されたばかりのアルベンスを、政治的に支持する立場をとっていた人間であると気づかれるのは、都合の良いことではなかった。グアテマラでの教訓は彼をより用心深くしたが、左派への傾倒をますます強めもした。

◆

エルネストから母親へ、メキシコからの手紙

「一九五四年一〇月一〇日

僕の敬愛する母さんへ

(……中略)

僕が最近書いた手紙がなんだか悲観している感じだと母さんは言うし、ひょっとするとその通りかもしれません。でも自分ではそうは感じないし、むしろ、前はなにかしら美点を見いだしていた物事に対して、少し懐疑的になっているといったところでしょうか。僕が一番どうしようもなくがっかりしているのは、何か得るものがあると期待していたのに、良くも悪くもならないいくつかの状況のせいなんです。今となっては、中道というのは裏切りの一歩手前以外のなにものでもない、ということを確信しています。問題は、それにもかかわらず、もうずっと前にとっているべきだったきっぱりした行動を、とる決心がつかないでいるということです。それは、僕が根は(表面的にもですが)どうしようもないぐ

ずで、厳しい規律によって自分の人生がしばられるのがいやだからです。自分の信ずるものが最終的には勝利すると固く信じてはいますが、それでも自分がそこで主体となるのか、ただ動きに関心を寄せるのみの傍観者となるのかすら、分からないのです。たぶん、こういう状況だから、他の人たちも気づいた、そんな悲観したような調子になってしまったのかもしれないね。実際、ならず者《バラバ》というのは常に流れに逆らって生きていくものだし、僕自身まだならず者をやめる気になっていません。」

◆

グアテマラにおける、ハコボ・アルベンス将軍に対するカスティージョ・アルマスの勝利、すなわちアルベンスが主宰する政府の崩壊劇は、エルネストにとって苦い教訓となり、ここで自分の意識を鋭く分析している。彼はいつも、厳しく自分を裁いて意識の分析を行うすべを知っていた。

そして家族みんなをからかって、手紙を結んでいる。

◆

エルネストから母親へ、メキシコからの手紙

日付も場所も記されていないが、一九五四年の一一月初旬のものであろうと考えられる。

◆

「母さん、母さん

（母さんと日付を取り違えちゃったよ）

（……中略）

ベアトリスおばさんまでが仕返しを誓ったみたいで、これまでみたいに電報を送ってきてくれなくなってしまいました。

僕の生活についてお話ししようにも、何にも新しいことをしていないから、同じ話の繰り返しになってしまいます。相変わらず写真で生計を立てていて、近いうちにやめられそうだという確かな希望はありません。でも午前中は毎日、ここの二つの病院で検査の仕事をしてますけどね。一番期待できるのは、首都近郊でもぐりの農村医としての仕事を手に入れることだけど、そうすれば数カ月の間、もう少し落ちついて医学に取り組むことができます。どうしてそんなことをするのかと言うと、いま、米国で教育を受けた正統的な医学の知識をしっかり持っている人たちと自分とを比べてみて初めて、ピサーニ先生からアレルギーについてどれほど学べたかが完璧に分かってきたからなんです。ピサーニ先生の方法論はこのどれよりもずっと進んでいると思うし、どんなところでも通用するように、ピサーニ先生のやり方をマスターしておきたいんだ（……中略）。

（……中略）何しろ午前中はいつも病院詰めで、午後と日曜日は写真を撮り、夜は少しばかり勉強しているので、この上なく忙しいです。母さんにはもう話したと思うけど、なかなかのアパートに住んでいて、自炊したり全部一人でやっています。使い放題のお湯があるおかげで、毎日お風呂にも入っているし。そういう点では僕も変わったけど、他の点では相変わらずで、服はあんまり洗わないし、洗ったとしてもひどい洗い方。クリーニングに出すほどの余裕はまだないんだ。

奨学金は夢物語で、もうあきらめました。こんな広い国では人に頼んで待っていてはだめで、自分でどうにかしないといけないみたいです。母さんも知っているとおり、僕はいつでも思い切りのいい決断をするのが好きで、その点ここはほんとすごいよ。みんな怠け者だけど、だれも他の人がやることに反対しないから、ここでも、たぶん行くことになる田舎でも、やりたいことがやれる。当然、このことで僕の最終目的地がヨーロッパであるということを見失いはしないし、どんな手段を使ってでも、行ってやろうと思ってるよ。僕の米国嫌いはほんの一グラムも減っていないけど、ニューヨークぐらいはよく知っておきたいですね。それでどういう結果になるかなんてぜんぜん恐くないし、絶対、入国するときと同じぐらい反ヤンキー主義のまま出てきますよ（もし入国できればの話だけど）。

　どんな方針でやっていこうとしているのかは分からないけれど、人びとが少しでも目覚めてくれるのは嬉しいです。こうして外から見たアルゼンチンの全般的な展望はというと、かなり顕著な足どりで発展していると言えるし、ヤンキーたちがエサをふんだんにばらまいて引き起こそうとしている経済危機にも完璧に対処できるだろうけれど、結局のところ、正直言ってアルゼンチンはこの上なく面白味のないケースですね（……中略）。

　共産主義者たちには、母さんが思うような友情という感覚はありませんが、仲間うちでは、母さんと同じかそれ以上の友情を持っています。それはこの目ではっきり見たし、グアテマラで政変が起きて以降の大惨事の中で、皆が自分の命を守ることだけで精いっぱいの時に、共産主義者たちだけは信条と同胞意識を失わなかったし、彼らだけが、そこでも働き続けたんです。」

◆

この手紙は、わが家で面倒を見てやってくれ、とエルネストがアルゼンチンに送ってよこした共産主義者たちについて、母セリアが書いた手紙のどれかに対する返信である。たぶん、彼らのうちの誰かが、ふさわしくない振る舞いをしたのだろう。エルネストは母親にこんなふうに言ってよこした。

「彼らは尊敬に値する人びとだし、いずれは僕も共産党に入ろうと思っています。今のところ、僕が入党しない最大の理由は、ヨーロッパに旅行したいという思いがとてつもなく強くて、厳しい規律の中に入ってしまってからでは、そんなことはできそうにもないからです。

◆

母さん、パリから手紙を書きますね。」

◆

そしていつものように、署名なしで手紙を結んでいる。

チェは、グアテマラを出てメキシコに着いてからは、どうにかして生計を立てていかねばならず、辻写真家に身をやつした。彼と知り合いになった人びとの多くは、辻写真家としての彼を記憶している。かなり高性能のカメラを購入し、医者からカメラマンに転身した。いくつかの手紙の中で、彼独特のユーモアを込めて、子どもの写真を撮ってもらいに来る母親を楽しませるために、どんな冗談を使ったかを書いてよこした。

◆

ティタ・インファンテへの手紙

「メキシコ、一九五四年一一月二九日

ティタ

経済的にはいまだにかなり苦しくて、月末になると帳尻を合わせるために軽業をやったり（それから断食も）しなければならないので、すぐにはお返事を書けませんでした。あなたからの情報はとても興味深いものだし、ここで何も情報を得られないでいる人たちにとっても、とても役に立つと思います。どうかそういう詳しい情報を送り続けてください、何もはばかることはありませんからね。余計なところをかぎ回っている不審なやつらもいるけど、僕に関わることだと分かったとたん、首をつっこまなくなるんです。僕は第一級の変人だという評判が立っていて、何を言おうと、何を考えようと、また何をしでかそうと、相手にされないんですよ。

話題をあなたのことに移しますが、あなたは自分のちょっとした失敗のことで頭がいっぱいで、何もまともにできなくなっているみたいですね。あなたとは対照的に、僕は生まれつきエネルギッシュなたちだけど、僕なりに自暴自棄になったというか、悲観的になってしまった時期もありました。あなたがとりつかれているのも、あの果てしのない倦怠感とよく似たものなんじゃないかな。そういうことが一日限りの一時的なものとして起きるときは、僕はマテを何杯か飲んだり、なにかしら散文詩なんかを読んでやり過ごしますがね。もっと長引きそうだなというときは、戦争中の中国人みたいにしてるんだよ、つまり来たときみたいに去っていってくれるのを待つんです。アドバイスをするなんて僕にとってはまずなかったことなのに、ましてやいつも母親のようだったあなた相手にアドバイスするなんて、ますます奇妙な感じですね。でも試しにいくつか全般的なアドバイスをしてみましょう。第一に、できるだけ早く卒業すること。でも図々しくても何でもいいから、前向きなやり方でね。第二に、卒業したらすぐ、短期間でいいから旅に出ること。

僕は意識して人生の一瞬一瞬を謳歌するようにしていますが、僕が人生に対して抱いている物質主義的な愛情を、正直言って少しでもいいから、あなたにも分けてあげたいものだと思いますよ。でもそのためには、手紙とか、僕のお粗末な説得以上の何かが必要でしょうね。しかも、僕を見習えなんていうのは偽善的でしょう、だって僕がしたことといえば、嫌なこと全部から逃げ出したということだけだし、(とりわけ社会的な)戦いにまさに直面しようとしている今日だって、成り行き任せの遍歴をのんびりと続けていて、アルゼンチンで戦いを起こすために帰国することなどまだ考えもしないんです。告白するけど、これが僕にとって一番大きな頭痛の種なんです。(アルゼンチンで闘うという)貞節と(放浪《バガブンデアール》、とくにヨーロッパを放浪したいという)欲望との間で、僕の心はひどく揺れ動いていて、機会さえあれば、恥知らずにも身売りをしているのが自分でも分かるんです。あなたにアドバイスをしようと思って書き始めたのに、いつのまにか自分の問題を書いていました。書きにくいアドバイスの話題に戻って、最後のアドバイスをしましょう。問題を複雑にするだけだから、慎みなどかなぐり捨てておしまいなさい。こうだったかもしれない、なんてあれこれ思っているよりも、やってみて失敗するならするほうがずっと価値のあることですよ。

最後に、僕があなたを信頼してることに対して感謝してるなんて、大げさに響くというか、そらぞらしいですね。あなたを完全に信頼しているなんてこと、よく知っているでしょう。だってそれは何か特別の理由があるからではなく、あなたがどんな人かすっかり知りつくしているためなんですから、そんな謙遜は良くありません。僕だったら、あなたが僕を信頼してると言ってくれたって、喜びやしませんよ。僕ならむしろ、信頼してくれと要求しますね。それは全然違うことなんですよ。

なんだかもう説教じみてきてしまったので、最後に近況を報告すると、僕は広場でちびっ子たちの写真を撮ったり、ペロンがつくった怪物、ラティィナ通信社に雇われて、この辺をうろついているアルゼンチン人をレポートしたりして、生計を立てています。最初に書いたとおり、いつも食べていけるというわけではありません。とりわけ、狼みたいな僕の空腹をなだめるには。でもどうやらこの点は改善していきそうな気配だし、良くならないまでも悪くなることはありませんから、せめてもの慰めになっています。自分の経済面での不幸に対しては時間が経つにつれて無関心になっていくし、逆に、メキシコでは学問の面で歓待されたので、僕としても医学の面で楽観的になり、アレルギーの分野で思う存分働きました。ある病院で、ただ働きでしたが。いずれにせよ、いつものとおり良い結果になるでしょう。あなたは疑うでしょうけど、ピサーニ先生[*1]は少なくとも、西洋のどんなアレルギー医よりも進んでいるのですから。だから僕の経済運も変化するだろうな、と思うのです。この幸福な神の王国では、成功は、よっぽどその人が馬鹿でない限り現金に姿を変えるからです。

さてと、ここで僕はインディオをてなずけますよ、そうでなければ一気に一冊の百科事典を書き上げないと。

さようならティタ、いつものように旅好きの友人からの愛情のこもった抱擁をお受け取りください、それからその抱擁が、近いうちに世界のどこかで、現実のものとなりますように、《博士同士》としてね。それから誰かに会うことがあったら、手紙を書いてねと伝えて下さい。」

*1エルネストの教授であった、アルゼンチンのアレルギー医。

第五章　「特にハバナに興味を持っています。」

エルネストから母親へ、メキシコからの手紙

日付はないが、一九五四年の暮れに書かれたものである。

◆

「母さん、

僕は確かに手紙を書くことに関してはどうもだめですが、いつものことながら悪いのはドン・ディネ《お金》ロなのです。僕にとって一九五四年は経済的に恵まれない年で、おかげで母さんの顔と同じようなひどい扱いを受けたよ。[*1]でも、この一年の終わりと同時に、長く続いた僕の空腹も終わりを迎えることになりそうです。ラティナ通信社で編集の仕事が手に入り、七〇〇アルゼンチンペソに相当する七〇〇メキシコペソを稼げるのです。これで生き残りのための経済的基盤ができるし、しかも一週間に三回、三時間しか拘束されないんです。おかげで、ピサーニ先生の方法が大当たりしている病院での仕事に、午前中全部を費やすことができます。[*2]（……中略）

写真は続けていますが、《研究》なんていうもっと重要なことに取り組んでいます。それに、ここら辺で持ち上がる奇妙な事なんかにも首を突っ込んでいます。それで得られる副収入は大した額ではあり

ませんが、このラッキーな一二月のうちに、一〇〇〇ペソある借金を全額返したいと思っています。それから、もし幸運が僕に味方してくれるようなら、来年末（初めと言いたいところなんだけど）には小さな写真スタジオを開きたいなあと思っています。母さんはまさかと思うだろうけど、僕はおおかたの写真家と比べても遜色ない腕前だし、写真仲間の間では確かに一番うまいんですよ、本当に。この仲間内では片目でなくとも王冠は手に入りますからね。[*3]

ここしばらくの予定ですが、メキシコは興味深いしとても気に入っているので、六カ月ぐらいは滞在しようと思っているところです。その間に、アレバロの言うところの《超大国の寵児たち》[*4]を良く知るためにビザを申請しようと考えています。もしビザがとれれば、米国にいるだろうし、とれなければ、どうするのが確実か考えてみるつもりです。また、何が起きているのかを見るために、鉄のカーテンの向こう側[*5]に直接出向くということも、いつも考えに入れています。ごらんの通り、前に言ったことでは特に変化なしです。

学業面ではとても燃えていて、僕ってこういうことは長続きしないので、この機会を逃してはならないと思っています。調査研究を二つやっているところで、たぶん三つ目にもとりかかるでしょう。どれもアレルギーに関するもので、とてもゆっくりとではありますが、ここ何年かのうちに日の目を見るこ

＊1母親には友達に対するように手紙を書いた。そのため、このような、失礼な言葉がでてきたりもした。
＊2偉大なアレルギー医、サラサール・マジェン博士率いる研究所での仕事。
＊3「盲人の国では片目の人が王となる」ということわざのことを言っている。
＊4ここには、アレバロが「偉大なる売女の寵児たち」と言った際の意図をすり抜けるような言葉の遊びが見られる。アメリカ合州国のことを言っている。
＊5東西冷戦体制下の当時、西側諸国ではソ連社会主義圏を指して「鉄のカーテンの向こう側」という言い方が一般的になされていた。

とになる本（本に目があればの話ですが）の題材を集めている最中です。この本には、『ラテンアメリカにおける医師の役割』という、もったいぶった題名をつけています。このテーマに関しては、僕はそれなりに権威をもって発言することができます。医学のことはあまり良く分かっていないけど、ラテンアメリカのことはかなり見抜いているからです。もっとも、書けているのは研究概要と三、四章分だけなんですが、僕には時間があり余ってますからね。」

◆

母親は、自分と息子の考え方の食い違いが際立ってきたという内容の手紙を書き送った。エルネストはこんな風に返事をしている。

◆

「母さんが目立ってきたと言う考え方の相違についてだけど、きっとしばらくの間のことだけだと思いますよ。母さんがそこまで恐れている、こういう考え方を持つように至るのには、二つの道筋があるんですよ。素直に納得するというのは肯定的な道筋だし、すべてに幻滅することによって、というのは否定的な道筋です。僕の場合は二つ目の道筋でたどり着いたけど、その後すぐに、一つ目の道筋をたどらなくてはいけないってことを確信したんです。グリンゴたちが米州を扱うやり方を見ていたら（グリンゴっていうのはヤンキーのことだからね）どんどん腹が立ってきたけど、同時に、どうしてそんな行動をとるのかその理論を学んだら、それが理にかなったものだと分かりました。それからグアテマラの事件とか、説明の難しいことがいろいろ起きたんです。つまり、ある人が情熱を注いだものすべてが、いかにして権力者たちのせいで力を失っていき、共産主義犯罪説がいかにして新しくでっち上げられ、同じグアテマラ人の中の裏切り者たちが、新しい体制の中でちょっとばかりの甘い汁を吸わんがために、いかにしてそういうことすべてのプロパガンダに加担していったかを、この目で見たんです。一体自分がいつ、理屈を捨てて信条のようなものを持つようになったのか、だいたいのところすら母さんに言うことはできません。何しろずいぶんと長い道のりだったし、逆戻りもいっぱいしたものですから（……中略）。」

◆

一九五五年になっていた。アルゼンチン共和国では、通貨を切り下げる結果となった経済危機のせいで、人びとの不満がつのっていっているのが感じられるようになってきていた。聖職者と手を結んだ野党が、フアン・ドミンゴ・ペロン将軍の政権を追いつめていた。

エルネストの手紙はこう続く。

◆

「そっちの事を伝えているニュースを、なんでもいいから全部送ってください。ここの新聞は、ペロンと聖職者の間のいざこざのことを書くばかりで、騒ぎの真相は何も分からないので、ここにいると完全に方向を見失っている感じなんです。その頃とその後のラ・プレンサ紙[*6]を何日か分、船便でいいから送ってください。二〇センタボも出せば、古新聞なんて山ほど送れますよね。」

◆

一九五五年は、われわれの国のペロン政権の安定が脅かされた年だった。同年、エルネストは、キューバ革命を準備していた亡命キューバ人たちと直接接触し始めた。

＊6アルゼンチンで発行されている右派系の新聞だが、情報源としては貴重である。

われわれが使うブエノスアイレス流の冗談を交えて、また母親に親しみを込めてこんな風に、病気で金持ちのとある伯母のことを書いている。

◆

「《グアダルーペのマリア様にろうそくを供えて、おばさんが全快しますようにってお祈りしましたよ》と、メチャおばさん[*7]に伝えてください。母さんも遺産が相続できるようにね。」

◆

彼が好きだった弟のファン・マルティンに言及して、こう母親に書いている。

◆

「それからトゥディートには、写真はあんまり出来が良すぎてまだ湿っているうちに売れてしまうので、送ってやれないんだと言ってやってください。そのかわり、僕の有名な肖像を送ってやるから自慢するんだぞ、とね。」

◆

叔父のパコ・ゲバラが、心臓学か病理解剖学の講座で働けるようにメキシコの有力者の誰かに紹介してやろうか、と言ったことに対して、このように返事している。

◆

「あまり関心がありません。心臓学も病理解剖学も分からないけど、アレルギーについてなら分かるし、何かできることがあると思うから。しかも、これまで紹介でうまくいった試しはないし、ラティナ通信社での仕事をくれたのだって、市電で知り合った男なんですからね。」

エルネストは一言二言、ほとんど読みとれないような手書きの言葉を付け足して、母親に抱擁を送り、新年おめでとうと言って手紙を結んでいる。

◆

エルネストから父親へ、メキシコからの手紙

この手紙は一〇日付（おそらく二月か三月だろう）で、年は一九五五年である。

◆

「父さん、

いつもながら、ウン十五歳[*8]おめでとうの手紙を書くのがちょっと遅くなってしまいました。父さんも、ようやく《分別がつく》やら何やらで、記念すべき歳になりますね。不幸はできるだけ忘れるように努力しつつやり過ごし、もう今はあと一つ歳をとってしまうことをあきらめていることだろうと思います。僕はいつも、家族の誰かに贈り物をできるぐらいまで自分の経済状況が好転しないかと期待しているのですが、借りる方と貸す方を両方やるなんてことはできないからね。今のところは両方の間でうまくやっているし、それで満足しています。できなかったプレゼントは、いつになるか分からないけど、『朝鮮戦争秘史』か『グアテマラ　民主主義と帝国』という題名の、つまりは父さんが楽しみながら学べる

＊7メチャ・ラクロセ、エルネストの大叔母。
＊8五五歳のこと。年齢を訊かれるとただ「ウン十五歳よ」（三五歳でも、四五歳でもあり得る）とだけ答えていたという、三五歳の独身女性の物語を思い出してこの言葉を使っている。

すばらしい本のかたちにして、差し上げたいと思っています。

ふざけた計画で僕を悩ますのをやめてほしいから、父さんに一つだけ真剣に考えている計画を教えてあげましょう。なんとかヨーロッパに行く努力をしながら、成りゆきにまかせようと思ってます。ちょっと曖昧かもしれないけど、前もって言えるのはこれがせいぜいです。僕の狙いは、フランス行きの奨学金を手に入れてフランスで一年過ごし、その後はどうにかしてコーチゾン[*9]を目指すということです。それから、ライダー時代の締めくくりはやっぱり毛同志でしょう。締めくくりに近いところ、と言ったほうがいいかな、インドも旅程に入っているんだから。奨学金はまだ結果待ちの状態ですが、まじめな話、チャンスがありそうです。（ゲバラ家流の謙遜をもって言いますが）なかなかの出来映えの三つ四つの研究論文を武器にするつもりです。特にそのうちの一つは、快適に切磋琢磨できるヨーロッパのどこかの大学の門戸を開いてくれるものと、期待しています。」

◆

たぶん私はエルネストに、メキシコに働きに行こうと思っているというようなことを手紙に書いたのだろう。彼はメキシコという国についてこう書く。

◆

「父さんがメキシコについて言っていることは、全くばかげています。アニ[*10]に言ったことをしつこく父さんにも言うよ。至る所で不和雷同的な変節は起きていて、今はソビエトの政権交替でますますその勢いが強まっています。メキシコは完全にヤンキーに身売りしていて、ニクソン[*11]来訪の時なんて、プエルトリコ人のナショナリストたちやなんかを全員投獄してしまったくらいで、どこに閉じこめられているのかいまだに分からないんですよ。新聞は何も書かないし、新聞にしゃべることも禁じられており、話せば禁固刑に処せられます。FBIはメキシコ警察よりも危険で、ここをわが物顔で闊歩し、拘留したりするときだって落ち着いたものです。政治情勢はこんな具合で、経済状況となると悲惨だよ。物価は憂慮すべき勢いで上がっていて、労働組合指導者なんて一人残らず買収されているという腐敗ぶりで、ストライキを担保に、ありとあらゆるヤンキー企業と一、二年の一方的な契約を結んでいます。メキシコには独立した産業など実質的には一つもなく、自由貿易なんて論外です。この国が最悪の腐敗に突き進んでいると言っても大げさでも何でもありません。お金をいくらか稼ぐことができる唯一の方法と言えば、直接グリンゴの密告者をやることですが、いろんな理由からこれはおすすめしません。アルゼンチンは米州のオアシスです。間違いなくひどいことになる戦争など始まらないように、ペロンにすべての支持を集めなくてはなりません。父さんが好むと好まざるとにかかわらず、それが事実なんです。ニクソンはもうすでにこのあたりの国々を歴訪していて、それは明らかに労働賃金と（古くて非常に高い機械で支払われる）安い第一次産品の偵察のためなのであり、米州の貧しい国々はこれから、その二つによって朝鮮半島と同じ運命をつくり出すのに貢献するのです。

こういうことはみな、父さんには大げさで嘘っぽく聞こえるでしょうが、そう聞こえるのも今のうちだけだと思いますよ。僕の生活手段と計画については主なことは話してあるので、この話題以外には父さんに話すことはあまりありません。

＊9ゲバラはソ連邦を指して、こう呼んでいた。
＊10妹のアナ・マリーア。
＊11当時米国副大統領を務めていたリチャード・ニクソン。非米活動委員会での強硬派としての活動が共和党で評価されていた。その後大統領となった（一九六九～七四年）。

（……中略）いい加減退屈な長話を書くのに疲れてきました。父さんも読み飽きてきたでしょう。しかも手紙が行き違いになるからね。そういうわけで、父親の誕生日に息子が祈ることすべてを父さんのためにお祈りし、父さんと家族のみんなに大きな抱擁を送ります。この手紙は出先で書いて送るので、切手は同封できませんが、次の手紙では送ります。

さようなら。」

◆

彼の反帝国主義的な態度は日に日にはっきりしていっており、この手紙ではすべての社会主義国と米国の間の全面戦争のことに言及している。おおっぴらな宣戦布告は行われなかったが、そのかわり、米国が宣戦布告もなしに直接干渉を行ったベトナム戦争がもたらした冷戦が長年の間続いた。

◆

エルネストからベアトリスへ、メキシコからの手紙

「（一九五五年）四月九日

おばさん、

分かってますよ、僕は恩知らずの、ろくでなしの、うそつきの、共産主義《アカ》の甥っ子ですよ。何があったのかというとね、遅くなった返事を書こうと一番気分が乗っていたときに、第二回パンアメリカン体育大会という大イベントが始まり、ラテンアメリカの観衆に大会の進行状況を詳しく伝え、しかもチャンスと美とが結合した美しい写真を提供するという誉れ高き仕事に没頭していたのです。この素晴らしい大会が終わってからは、スポーツの栄冠を手にした選手たちに最後のインタビューをする仕事に移り

ました。この大忙しがひと段落して、大会に出た選手たちがそれぞれふさわしい祝福を受けた後、ラティナ通信社が外電であっさりと放送終了を告げ、各通信員は自分の担当する（給料のためですよ、言うまでもなく）人物について一番良いと思うレポートをするようにと言われ、この知らせを受けたら即、その人物を捕まえるのに精魂を傾けていかなくてはなりませんでした。その日以来ほとんど腰を下ろす暇もない忙しさでしたが、きのうやっとその人を捕まえました。」

◆

おそらく、伯母のベアトリスが、どこかの製薬研究所での仕事をもらえるように働きかけてあげようかと申し出たのだろうが、それにはこう答えている。

◆

「これまでの手紙で、おばさんが繰り返し勧めてくれた例の仕事についてですが、申し上げられることはただ一つ、（ちょっぴりまじめに言うけど）放浪癖《バガブンダーへ》とかたびたびの不作法とか、他にもいろいろと欠点はあるけれど、そんな僕にも確固とした強い信念があって、その信念がじゃまをして、おばさんが手紙で書いてきたような仕事はできないということだけです。だってあんなところは、本来なら僕の熟練した監督下になければならないはずの人びとの健康を食い物にしているんだからね、最低の部類に入る泥棒の巣窟なんだよ。大会の仕事のせいで前に返事を書くことができなかったけど、どっちにしても返事は同じだよ。泥棒どもの言うとおり、僕は貧しいけど正直者なんだ。

おばさん、結婚したばかりの恥ずかしがり屋さん、坊やとそれからエルシリータ[*12]に大きな愛情のこもった抱擁を。

いつもたくさんの愛を込めて

スターリン二世より」

◆ティタ・インファンテへの手紙

「メキシコ、一九五五年四月一〇日

ティタ、

いつものように、あなたの手紙はとても嬉しかったです。それからほとんどいつもと同じく、お返事がとても遅くなってしまいました。言い訳なんかしても仕方ないんですが、ここのところほとんど誰にも手紙を書いていなかったので、そんな言い訳をたくさんしなければなりませんでした。だから、あなた相手にも言いますね。ただこれだけはお知らせとして言いますが、僕はラティナ通信社のスポーツ編集員という誉れ高き仕事をしていたのです。この通信社は、少なくともカサ・ロサーダ[*13]の旦那の息のかかった資本で運営されていました。パンアメリカン体育大会開催中は、ニュースの編纂、写真の編集、南米から来る記者たちの案内役と、まさに目の回るような忙しさでした。写真の現像と焼き増しもこなさなければならず、おかげで大会中の平均睡眠時間は四時間以下だったんですよ。ここまで大忙しで働いたことへのささやかな報酬として、四〇〇〇ペソほど支払ってもらえるはずだったんですが、なんと、何の前触れもなく一夜にしてラティナ通信社がつぶれてしまい、メキシコ流に言えば《一銭も《ニ・ウン・キント》》支払ってもらえなかったのです。こんな事になってしまった原因はすべて、どこにあるんでしょう、（カサ・ロサーダとホワイトハウスの）旦那ご両人の間で何かしら秘密の取引があったか、それとも（メキシコ流の下品な言い回しをすれば）カサ・ロサーダの旦那がいきなり尻を向けたのか。その辺は、僕よりあなたのほうがよくご存知でしょう。何しろここは遠いから、何もかも丸め込まれてしまっていて、一体何を拠り所にしたらいいのか分からないんです（……中略）。

僕の計画は流動的で条件付きなので、変わりやすいのです。もし、あの滞っている支払いをラティナ通信社が払ってくれれば（難しいですがあり得ないことではないです）、メキシコを満喫するために全国旅行して、それからキューバに行けば僕のラテンアメリカ地図は完成だ。たぶん年末には、大親友グラナードと一緒に、またカラカスにいるかな。こっちに来て俺と一緒にやろう、とうるさいんですよ。僕が思いとどまっているのは、アルベルトがものすごくお金を稼いでいるからで、そういうことはいつもそいつの放浪意欲をある程度押し止めてしまいますからね。どっちにしても、ああまで中身の濃い（最初の）アメリカ大陸縦断旅行は彼と一緒にしたんだし、あらゆる意味で、彼に匹敵するような相棒には今のところ出会っていません。マテを飲みながら長々と無駄話に花を咲かせていた時に、一緒に商売を始めるのに理想的な場所はどこだろうと探していたんですが、ついこのあいだ、（うそっぱちなんだけど）研修中のイタリアから手紙をよこして、僕らの最後の会社はそこで千九百何年あたりに……と繰り返してましたよ。

学業の面では僕は第一級の落第者で、大きな研究計画は全部、ラティィナ通信社をつぶしたのと同じ風がさらっていきました。どうやら、ピサーニ先生の半流動食に関する研究をメキシコで復習したかたちのささやかな論文を発表するにとどまりそうです。この論文は今月の二三日にメキシコ・アレルギー学会で読まれるのですが、もしどこかで出版されるようなことにでもなれば、あなたにもお送りします。

＊12 結婚したばかりの恥ずかしがり屋さんとは（夫を亡くした後再婚した）叔母のエルシリア、坊やとはその新しい夫、エルシリータはベアトリスの娘。
＊13 アルゼンチン大統領官邸。

ただ物珍しいからだけなんですがね、これは単なる概念の反復であって何も目新しいことはないのですから。

僕が抱えるもう一つの問題に関しては、僕は完全に堕落してしまって、最後の良心も風に吹き飛んでしまったみたいです。あなたからの手紙の影響も受けたとは思うけど、もともと芽はあったんです。ソ連に、《金髪の家系のどん欲なケンタウロス》の毒牙にかかったハコボおじさん[*14]の失脚に関する物知り顔の論文を送りつけて、それをもとにソ連訪問をねだってみたのですが、結局チャンスはなく、僕は図々しくもだらしないままの生活を送っていて、それでもおかげさまで厚かましさだけは健在ですよ。

ティタ、近いうちにヨーロッパのどこか古い町の街角で会いたいものですね。僕はそこそこ満腹した状態で、そしてあなたは学位を手に。今のところ望めるのはせいぜいそんなところですね。でも未来は人民のものです、それを信じて待ちましょう。遠い将来がやってくるまで、またヨーロッパでの再会という近い将来がやってくるまでのあいだ、あなたの永遠の友達からの暖かく強い抱擁をお受け取りください。」

◆

エルネストから母親へ、メキシコからの手紙

「一九五五年五月九日

母さん、

あなたの長男は、傑出したアレルギー医として、すでに歴史上の人物となりました。第一に暖かい慈悲の手がさしのべられず、第二に僕自身の優れた学問的功績がなかったとしたら、じきに餓死者として警察の記録に載ることになっていたことでしょうがね。メキシコ総合病院の奨学金が手に入ったのです。

この奨学金には食・住・洗濯が含まれていますが、お金は一銭も含まれていません。契約担当の人たちは、予算ぎりぎりのところでどうにかひねり出してお金も出したいと言っているのですが。特には何も信じてないし、どうでもいいんですけどね。お金はおもしろい贅沢だと思うけど、それだけのことです。同封する小論文に比べたら、僕が読んだ研究論文は見かけほど良い出来ではなかったんだけど、なかなか受けは良くて、メキシコのアレルギー医のドン[15]のお眼鏡にかない、このしみったれた奨学金をもらえることになったというわけです。母さんももう知ってるだろうけど、ラティナ通信社はつぶれてしまい、メキシコの大地に何の足跡も残しませんでした。四〇〇〇ペソぐらい僕に借りがあるんだけど、絶対払ってくれないだろうね。もうちょいで米国か少なくとも国境の町ヌエボ・ラレードにアレルギーの仕事をしに行くところだったんですが、(四～六カ月かけた)研究期間の仕上げに三つ四つ専門の内容の論文をまとめるには、こっちの職のほうが都合も良くいいチャンスなので、こっちをとることにしました。論文はメキシコの雑誌に発表されることになると思います(……中略)。

この手紙を書くのを中断している間に、もう一通母さんからの手紙が着きました。うちの家族にもう一人、博士が誕生したそうですね。それに、そのなりたての博士が、いろいろ馬鹿なことを[16]やったみたいですね。つまり、わが家も自然の法則に従って分解していっているんですよ。でも子どもたちは近くにいるから、いつもの習慣になっていた、あの味わい深い穏やかな議論ができるじゃないですか。」

＊14ハコボ・アルベンスのこと。
＊15サラサール・マジェン博士のこと。
＊16恋愛問題のことを言っている。

この最後の段落を読むと、エルネストがごく小さかった頃に始まって、彼がフェレールとボリビアに向けて旅立つまで長を務め続けた、「ゲバラ一族」を思い出す。穏やかな議論だなどと、実は礼儀も何もない怒鳴り合いで、近所中に聞こえるものだったが、確かに彼が言うとおり「味わい深い」ものだったし、あの議論を表現するのにこれ以上適当な言葉は今の私には見つからない。

◆

「一〇年計画に関しては、すでに二年が過ぎました。でもこの完全に離れた状態が一番長かったとしてもあと二年以上続くとは思っていません。僕の医者としての株はどんどん上がっているし、次に行く場所では僕の輝かんばかりの名声にふさわしい生活をできると思います。次のステップは米国（難しいね）か、ベネズエラ（まああり得るかな）か、キューバ（たぶんね）か、といったところです。でも絶対あきらめられない目的地はやっぱりパリだな。大西洋を泳いで渡ってでもたどり着いてやるよ。」

◆

ここでは無意識のうちに本心を漏らしている。「キューバ（たぶんね）」と言っているのは、すでにキューバ人たち[*17]と接触をもっていたからなのだ。

◆

「たくさんのキスをみんなに。ではまた。」

◆

いつも通り署名はない。

◆

エルネストから父親へ、メキシコからの手紙

「一九五五年五月二七日

父さん、

今度は父さんからの返事がだんだん少なくなってきているね（ほらね、僕はよっぽど大切な息子なんだね）。僕の健康のことを本当に優しく心配してくれている、家族の他の誰かれにだいたいのことは話してしまってあるので、今さら何を父さんに話したらいいのか、またもや困ってしまっています。病院の仕事に就いてからの僕はまるで、父さんか父さんの野心と競争してるかのようです。だって二四時間ぶっとおしで、病気とその治療法のことばかりしゃべっているんだから（僕は何も治さないけどね、もちろん）。自分の研究論文を発表し、さんざん待たされた挙げ句やっと居住権が認められてからは、アレルギー体質の人の体内に抗体が存在することを試験管内で証明する実験を始めました（たぶん失敗するけど）。それからいわゆるプロペクチン、つまり病人がこれを食べればその後は普通食を食べても害にならないという流動食少々を作り始めました（これも失敗だろうけど）。あとは、ヒアルロニダーゼ（さてさて、父さんは口で言うほど良く分かっているのかな）が、アレルギー性の病気を引き起こすメカニズムにおいて重要な役割を果たしている、ということを証明する試みもしています（この証明は僕にとっても一番高い希望なんだけど）。そして、共同研究を二つしていますが、その一つは壮大な研究で、メキシコのアレルギー医師のドン、M・サラサール・マジェンと一緒にやっています。もう一つは、メキシコの優秀な化学者の一人と一緒にやっていて、課題に関しては僕自身は直感しか持っていないの

＊17当然のことながら、彼がキューバに向けて出発するまで私たちはこのことは知らなかった。

ですが、とても重要な結果が出ると思っています。以上が僕の学業面での展望です。この展望があるからこそ、僕の放浪熱にも変化が訪れる可能性がちらほら見えています（……中略）。

いわゆる夜明けの光が見える領域までもっていくために、何らかの推薦が欲しいなあと思っています。とにかく、どれもこれも期が熟していない状態なんです。僕の確信は日増しに強まっていますが、もう一回ぐらいは旅行をしてやろうと、チャンスをうかがっています。ハバナには特に興味があって、レーニンの一節とキューバの光景とを混ぜ合わせて、存分に味わってみたいものだと思っています。父さんにこんなことを言うのも、別に父さんを怒らせようとしてる訳ではなく、紛れもない本心なのです。ブラジルのアレルギー学会にでも行って、そこから家にも寄ろうかと考えたこともありましたが、やめにしました。今から出発しなければ間に合わないからです。だって、あんな遠くまで一息に行くのはいろいろ困難が多いし、そういうやり方は僕もしたくないのです。」

◆

エルネストは自分が学問の分野で今何をしているのか、何をしようと考えているのかを書いているが、本当にやっていたことに関する考えや計画をつい漏らしている。ハバナで見ることになる「光景」について述べているが、同時にレーニンの「一節」にも触れている。この二つに一体どんな関係があるのだ？　エルネストが、自分がどこに向かっているのか、何のために向かっているのかということ、そしてさらには、その遠征が結果として社会主義革命になっていくのだということもすでによく自覚していたのは間違いなかった。まだフィデル・カストロには知り合っていないが、メキシコにいたキューバ人たちからカストロの準備している革命について知らされていたのだ。

また私に、これらはすべて紛れもない本心なので、どうか怒らないでくれと言っている。本当の学者になって欲しい、という私の期待が裏切られることに言及しているのだ。

「全体的に、今度の冒険は見通しが明るいんです。(僕が知り合ったアレルギー医のなかでは抜群に有能な)ピサーニ先生の共同研究者としての名前だけでなく、僕自身の研究とこの問題に関する知識を、どこに行き着いたとしても武器にできるからです。僕の知識はあまりにも専門的すぎて限られたものですが、でもかなり明確なものです。僕が次に降り立つ国がキューバだとしたら、そこでは仕事はせずに、(彼らの)亡命中にできた友達をみんな訪ね回って手早く一巡し、ヨーロッパかどこかへ逃げ出すつもりです。」

◆

エルネストは再び学問研究のことを強調して書いている。間違いなく、キューバへの今回の旅行のことをごまかそうとしていたのだ。もっと後になってから分かったことだが、このときすでにエルネストはキューバ侵攻に加わる決心がついており、この手紙は私たちの目をそらすためのものであったのだ。

◆

「父さんには話したと思うけど、ラティナ通信社は、来年メルボルンへ旅行させてくれると約束していました。給料すら払ってくれないんだから、もう完全に忘れ去られた話だけどね。けれど僕は嬉しかったし、カンガルーをぜひとも見てみたくなったよ。

今の毎日の生活はというと、うちと研究所と図書館を行ったり来たりしているだけで、ときどき英語の翻訳が入る程度なので、何も話すようなことはありません。

父さん、またすぐにお便りします。抱擁を」

いつものとおり、署名はない。◆

第六章

「ペロンの失脚のせいでひどく落胆しています。」

エルネストから母親へ、メキシコからの手紙

「一九五五年六月一七日

母さん、

あの一連の出来事と、アルゼンチンから届く矛盾したニュースのせいで、一体どうなってしまうんだろうと思いながらこのお祝いの手紙[*1]を書いています。」

◆

彼が書いているのは、一九五五年六月一六日に、アルゼンチン軍がフアン・ドミンゴ・ペロン政権に反旗を翻したときのことである。アルゼンチンの政治情勢は日に日に一触即発の様相を強めていた。国民の大半の支持を得ていたにもかかわらず、ペロンは統治に手こずっており、反ペロン勢力の間では、軍事クーデターの兆しが見えるようになってきていた。あちこちで行われていた抗議デモに聖職者階層が加わるようになり、このことは政府にとって大変な痛手となっていた。

◆

＊1母親の誕生日は六月二三日だった。

「報道されているほど深刻な事態ではないことを、そして、何の解決もない争いごとに、家族の誰かが巻き込まれたりしていないことを、願っています。」

◆

エルネストは私がペロン政権に反対の立場であることをよく知っていたので、私や妻や子どもたちのうちの誰かが、この闘争に身を投じるという危険を冒しているのではないかと心配していたのだ。

◆

「メキシコで聞くニュースによれば、死者はかなりの数にのぼっているようで、アルゼンチン史上最悪に近いとか。しかも、見たところ死者の大部分は何の罪もなく捕らえられた一般市民らしく、それを思うと、ニュースを読んだときの不快感と当惑はますますひどくなります。もっとも、僕はニュースなんか全然信用していないんだけどね。何もかも検閲されているか、歪曲されているか、あるいは人びとがあんまり必死になってブエノスアイレスのニュースを読むものだから、何かしら報道しなくてはと単に作り話をでっちあげているだけだったりするんだから。どうか母さんの誕生日は、爆撃とかそういうたぐいのことが何も起こることなく過ごせますように。だって今年は、僕が出発して以来母さんが過ごしてきた大変な日々がやっと終わって、形だけでも平穏な新しい年が始まるんだから。どうかすぐにでも、みんながどうしているのかを手紙で知らせてくださいね。それから博士君がどうしているか、いつ結婚するのかも教えてください。

僕の今後については、何か変化があってもよかったんだけど、実際には何もありませんでした。ラティナ通信社が僕に六〇〇〇ペソ近い借りをつくったことは、もう母さんにはお話ししましたっけ。やっと払ってくれたものの、たったの三〇〇〇ペソで、そのうち五〇〇ペソは借金をひととおり払わなきゃいけないので差し引かなきゃならないんです。十日前に払ってくれると言われて、すぐさまスペイン行きの船の切符を買いに行ったんです。全額払ってもらえるという話だったのでね。六〇〇〇ペソならちょうどぴったりだったんだけど、三〇〇〇ペソじゃ同じ条件では（つまり旅の紳士としては）旅行できないので、それじゃあということで、これまでにも繰り返し言っていた前の計画通り、九月一日まではメキシコにいて、二カ月かけてこの国を見物し、その後はベラクルスに行って船に乗り、その船の行き着く先へ行くことに決めました。この不親切でシビアなメキシコは、結局のところ僕のことをかなりよくもてなしてくれ、巻き上げられたりしたこともあったわりには、入国するときよりはたくさんのお金を持って出国できそうだし、僕の立派な名前が、重要度の差こそあれ一連の記事に載ったし、何より大事なことには、頭の中にぼんやりとあった一連の考えや願望が、はっきり形をなしてきたのです。僕の最大の願望はいつも、いつの日か物理学者になるということでしたが、それは一種理想的な願望であって、はじめから、叶わなかった夢として描かれる運命にあったんです（……中略）。

今日、母さんのことを思い出していたら、タンゴの歌詞じゃないけど、何の苦労もなかったあの時代が懐かしくてならないような、そんな気持ちになってしまいました。大事なのは、僕がタンゴ的な気分になってしまっているということ、少しアルゼンチン人じみてきていると言ってもいいかな、そんなアイデンティティはついぞ感じたことのなかったものだったんです。僕も歳をとったということかな（結局のところ疲れてるということなんですよ）、あるいはただ単に、家族同士の議論という心地よい音楽に揺られながら、子ども時代と青年時代を過ごした、あの楽しくて穏やかな家庭を懐かしんでいるのかな。でもね、母さんはちょっとばかり強引にでも遺産[*2]を手に入れて、そしてパリへ行かなくちゃだめだよ。そこで僕と再会するんだからね。母さんにとっては、それもいいわね、ぐらいのものだとは思うけど、僕にとっては生物としての欲求なんです。でもこれだけは実現しそうな気がするし、確実に実現に近づいて行っていると思います。エンテレキーなんだと思うよ、この言葉が適当かどうかは分からないけど。医者としての臨時の生活は、のんびり単調な調子で続いています。ポポカテペトル登山なんていう偉業を成し遂げたりもしているけどね（ついに、パチャ・ママの扁桃腺を見たよ）。これはメキシコの守護火山で、五四〇〇メートルあります。正直言って、楽勝だったし燃えたね。どうやら僕には最低限の条件がそろっているみたいなので、メキシコ一高い、そして北米で二番目に高いオリサバ山も制覇してやろうと思っています。でも、なにしろお金がすごくかかるので、少し待たなくてはなりませんが。」

◆

この時期、エルネストはすでに「七月二六日運動」[*3]の革命家たちと接触を持っており、こうした火山に登るという練習は体力訓練そのものだったのだ。

◆

「また、僕の冒険にすっかり夢中になっている六年生の子どもたちがいっぱいいて、彼らは聖カルロスの教義についてももう少し学びたいという関心を持っています。空き時間は、そういうことに費やしています。空き時間自体今はあまりないんだけど。」

◆

エルネストは手紙の中ではカール・マルクスのことを「聖カルロス」と呼んでいた。すでに誰かにマルクス主義ドクトリンを教えていたことは明らかだ。「六年生の子どもたち」については、私たちは何も知り得なかった。将来キューバ侵攻をすることになる人びとだったのではないだろうか？

◆

「母さんにこんなことを話すのは、母さんは無駄に歳をとってはいないんだって思って欲しいからなんだ。だって、政府の富に貢献しただけでなく、アルゼンチン人の大声で最後の審判の日の到来を告げる、小さな放浪の予言者を世界に放ったんだから。

母さん、僕はお金が入ったらすぐ使ってしまうよ、さもないと八〇センタボにすら税金をかけられてしまうからね。しかもボス[*4]が言っていたように、アルゼンチン人にとって一番痛い内臓は、財布だからね。これから母さんが誕生日を迎えることになる毎年毎年の冬が最高に幸せなものでありますように、そして母さんが例のお金を手に入れて、半世紀が過ぎてしまう前に（おまじないではないよ、母さんに早く会えるように）、僕とパリで会えますように。放浪中の長男から大きなキスと抱擁を送ります。」

◆

いつものように、署名はしていない。

当時は世界中の新聞が、ペロン将軍のポピュリスト政権打倒を目指す、アルゼンチン海軍による企てのことに巻頭の数頁をさいていたものだった。

大統領府や五月広場、ディアゴナル・ノルテ駅やその他いくつかの場所が爆撃を受けた。海軍兵たちは海軍庁舎にたてこもった。彼らは高速で強力で軽いベルギー製の火器でしっかりと武装していた。

＊2母親が受け取ることになっていた遺産は、叔母のサラ・デ・ラ・セルナの遺産であった。
＊3本書の他の部分でも登場するが、キューバ人革命家たちにとって火山への登山は日常的な訓練であった。
＊4ペロン将軍のことを言っている。

いくつかの駐留部隊を除いては、陸軍だけがペロンへの忠誠をまもっていた。この企ての結果、多くのけが人と空爆の犠牲となった何百人という死者が出て、軍部が準備を進めていた革命を前にして、ペロン政権はぐらついていた。

政府はこの反乱をすばやく鎮圧し、復権を試みたものの、明らかに力を失ってしまった。エルネストは自国の政治情勢を完璧に知り尽くしていたが、その当時はペロニズムの国際的な状況を理解していた。ペロニズムはアメリカ合州国の権力に立ち向かうことになる新しい政治的傾向だと見られていた。

エルネストの政治思想に関しては、傾向はすでにかなり明確になっていた。手紙の中の謎めいた言葉は、抑圧された人民の解放のために決意を固めた一人の人間、そしてそういう戦いの中で自分はどう行動するのかをよく分かっている人間としての彼を浮き彫りにしていた。何気ない調子で反乱を予告している。「アルゼンチン人の大声で最後の審判の日の到来を告げる、小さな放浪の予言者を世界に放ったんだから」と。[*5]

◆

エルネストから母親へ、メキシコからの手紙

「ブエノスアイレス、一九五五年七月二〇日」と書かれている。エルネストは間違って、メキシコの代わりにブエノスアイレスと書いてしまったのだ。あるいはたぶん、祖国のことを考えてでもいたのだろう。

◆

「母さん、

今回は何も言い訳できないけど、何日間も母さんに手紙を書きませんでした。なぜなのか本当は分からないんだ。だって仕事ですら前より規則的で、自分の時間もそこそことれるんだよ。手紙を書くのをしばらく思いとどまっていた理由の一つには、アルゼンチンで起きたことについての母さんの分析があるんだ。母さんが自分の認識を手紙に書いてくる前も、書いてきた後も、母さんの認識にはやっぱり全然賛成できません。ここから見ていても、アルゼンチンから見るのと同じぐらいあいまいなんだけど、でも今入ってくるニュースと以前の経験をすり合わせれば確かに分かることもいくつかはあるんです。カトリックの聖職者たちの《すごい》デモなんて思いもよらないけど、公正な選挙で惨敗することになったUD[*6]のすごいデモのことを思い出すよ。」

◆

おそらくエルネストは、一カ月おいてから返事をよこしたのだろう。ブエノスアイレスでは、七月一六日のクーデターが失敗してから、ペロン政権がぐらついていた。エルネストがペロニストだったことは一度もないが、ブエノスアイレスでの出来事にはかなり動揺していた。遠いメキシコの地から、別の切り口、別の視点からアルゼンチンの政治・社会情勢を見ていたのだ。すでにグアテマラで正念場を体験してきたので、アメリカ合州国を筆頭とする植民地主義諸国の貪欲さに立ち向かっていくためには、人民から生まれ人民のための統治を行なう政府というものがどんなに大切かが分かっていた。

エルネストはペロニストではなかったが、大衆寄りの統治者を追放して軍部に政権を委ねたりするのは、

＊5最後の審判の日の到来を世界に告げる、放浪の予言者に自らをなぞらえるこの一節で、エルネストは何をいわんとしていたのだろう？エルネストが「宿命論者」めいた口をきくのはこれが最初でも最後でもなかった。世界帝国主義と闘うためにキューバへと出発するというので母親に別れを告げるときにも、五年の内に自分が戦果を挙げているか、あるいはおそらくは成層圏や宇宙でくるくると舞っている人形に世界がなり果てているか、どちらとも分からないと手紙の結びに書いている。そうした神秘的な言葉づかいは、核爆弾や、核爆弾によって引き起こされる世界の終末、あるいはウラン原子の核融合で噴出した力を利用することによって引き起こされる世界の終末といったことを、彼がいつも懸念していたことを裏付けるものであった。

＊6ペロン政権に対抗する、民主主義連合と呼ばれたアルゼンチン共和国の政党の連合のこと。

アルゼンチンのような国にとって非常に危険だと、祖国を遠く離れてみて理解するに至ったのだ。彼らは概して、結局は戦う前からあきらめてしまう連中だからだ。エルネストは正しかった。続けて紹介する手紙はどれも、祖国で起きていることについてのつっこんだ分析と洞察である。そして母親に対して、帝国主義に操られた軍閥のためにペロン将軍を追放するようなことをすれば、さまざまな不幸な結果がもたらされるだろうと、皮肉を込めて強調して書いている。

エルネストの手紙はこう続く。

◆

「他の人たち、つまり歴史を前にして逃げ場を持たない人びとにしてみれば、空軍のクズども、という感じですよ。やつらは安全な場所から人びとを殺しておいてモンテビデオへ行き、神を信じて任務を遂行してきました、なんて報告するんだから。日曜に行く教会が焼かれたからといって人びとが涙を流すなんてびっくりですよ、でも《悪人》なんてどれだけたくさん死のうが構わない、ということがやつらにとっては至極当然のことなんです。彼らの多くは一つの理想のために死に立ち向かっていったんだということを忘れてはなりませんよ。だって、どっちみち強制されたなんてことは一部にしか当てはまり得ないことだし。それに、どんな《悪人》にも家族があったのだということも忘れてはならないし、そしてその悪人の家族を路頭に迷わした当の本人たちが、ウルグアイに行って勇敢なお手柄のことを懺悔するんだということも忘れてはいけません。他の重要な点は、どれだけ多くの《善い人びと》が不可抗力以外の原因で死んだかということです。まさにそれを考えれば、ペロンを打倒しようとしたのがどういう人びとだったかがおのずと分かるし、この場合どっちが統治しても同じことだが、オリビエリ[*7]やパストール[*8]みたいな人間に統治されたらアルゼンチンの未来がどうなってしまうかも分かるというものでです。軍隊はただ単に兵舎に居ながらにして、政府から軍人階層に対する便宜をはかってもらうのです。そしてたった一つ変わるだろうと考えられるのは、民主主義のある一定の外観です。メキシコで見られるのと同じようにね。メキシコでは、ひどい腐敗が起きているというのに、共生というえせ民主主義的なやり方で覆い隠されているんです。オリビエリでもパストールでも、また誰になっても、何とか持ちこたえるかもしれないし、実際持ちこたえるでしょう。（国民に対して）すべてはまだ最初の深刻なストライキとなって浮き彫りになるところまで行っていないし、それならインチャウスピ[*9]のような目にあって死ぬ少年たちも出てこないでしょう。けれども何百人という《悪人》たちが、自分たちが社会的に獲得したものを守ろうとしたという罪のために殺されることになるだろうし、ラ・プレンサ紙はもったいぶった調子で、アルゼンチンの基幹産業の労働者がストライキを起こしたりするのは確かに非常に危険だ、ましてや、警察に向かって発砲した例の事件のときみたいに、ストライキで勝利するために暴力に走ったりするのは非常に危険だ、なんて書くんでしょうね。良かれ悪しかれ、ペロンのときにはこういうことは散発的にしか起きなかったし、僕にとっては不幸にも爆弾や銃撃を受けてしまった有名人たちより重要な問題です。もっと言うと、海軍にいるのは天使ばかりで、陸軍は悪魔の集団だなんてことを信じるなんて、ほんと気がしれない。唯一これといった違いとしてあげられるのは、失ってしまった階級権益のことで恨みを抱いているおぼっちゃんたちが多いのは海軍の方だということだけです。それ

＊7ペロン政権下で大臣を務めたアルゼンチン海軍軍人で、ペロンに反旗を翻した。
＊8アルゼンチン保守政党の中心人物。
＊9反ペロンの軍事クーデターで銃弾に倒れたうちの一人で、ブエノスアイレスの上流階級の若者だった。

にしたって別にペロンのせいというわけではなくて、ペロンはただ単に、アルゼンチンの現状としてすでに出来上がっていた状況を代弁したに過ぎないんです。しかも、反対意見がいくら流れていたって、教会は一六日のクーデターには大いに関わっていたんだし、僕らが大親友[*10]もこれには大いに関与していたんだ。あいつらのやり方は、グアテマラからなら間近で拝見できるんだからね。まず、オリビエリはついこのあいだ米国にいたんだってこと、忘れちゃだめですよ。それに、教皇庁はヨーロッパの主要な首都のうちの一つであるということ、国際政治においてはそういう都市は米国に同調するものだということもね。メキシコの新聞がこの事件を取り扱ったときのやり方を見れば、疑いの余地はないよ。ホワイトハウスべったりの評論家で、ペロンは中道的な傾向がありカーテン[*11]の裏側の国々と通商をしがちだったために、それが（自由主義世界を確立する）呼び水となったのだ、なんてことをほのめかしていたのもいたけどね。政治なんてうんざりさ。」

◆

この手紙の中でエルネストは実に多くのことを言い当てている。書かれたときから長い年月がたった今なお、すべてがあまりにも的確だ。当時の私は、アルゼンチンの政治情勢に関しては彼と全く同意見だったわけではない。おそらくは木を見て森を見ず、という状態だったのだろう。しかしエルネストはメキシコから、わが国の政治の専門家たちの多くよりずっとはっきりと状況を見極めていたと認めねばなるまい。グアテマラで学んだ教訓を忘れてはいなかったのだ。アルゼンチンの状況は、グアテマラの状況と多くの接点を持っていた。やり方はいろいろでも、アメリカ合州国は、自国の利益に完全に従属しないような米州の政府はすべて打倒するという政策を続けていたのだ。

続けて、エルネストは母親に、ピサーニには気をつけるべきだったと思うのは彼女の間違いだと言っている。

◆

「全然逆ですよ、僕が学業の面で進歩できるためにあれよりいい場所などなかったし、今後数年の間にも出てこないでしょうね。ここメキシコで、躓きつつも彼の助けもなしに僕の創造力でやっていることはみんな、彼と一緒だったら完璧にやれるだろうに。彼には完璧な設備の整った実験室があるということを考慮に入れなくてもだよ。ここでは、メキシコ有数の細菌学研究所で働いているんだけど、ピサーニ先生の研究室よりずいぶん劣ります。それから名前を出すまでもないような生理学研究所でも働いています。どっちも、アレルギー専門の研究所の他に、ということなんだけど、アレルギーの研究所の方はただのガスバーナーすらないから、何もかも手作りでやらなければならないんです。

僕の論文が、えらくもったいぶったアレルギー雑誌に掲載されました。もらったらすぐ、母さんにも一冊送りますね（……中略）。

僕自身のニュースはほとんどありません。エル・ポポ[*12]（親しみを込めてこう呼ばれているんだよ）を襲撃したということぐらいです。でも頂上にたどり着けないまま勇気を無駄遣いしたんです。僕は登頂するためならどんな苦労もいとわない覚悟だったんだけど、登山の相棒だったキューバ人の足が二本とも凍傷にかかってしまったものだから、僕も恐くなって、あきらめることに決まりました。一〇〇メー

＊10アメリカ合州国のこと。
＊11「鉄のカーテン」のこと、すなわちソ連との通商のこと。
＊12ポポカテペトルと呼ばれるメキシコの火山。ここでも分かるように、フルヘンシオ・バティスタの圧政からキューバを解放するために、チェはすでにキューバ人とともに訓練を積んでいたのだ。

トルほども下りた頃でしょうか（一〇〇メートルはそのぐらいの高度ではかなりのものです）、吹雪が少し止んで霧が晴れると、自分たちが噴火口のほとんどぎりぎりのところにいることに気が付いたんですが、もう後戻りはできません。それまで六時間もの間、一歩一歩踏み出すごとに腰まで埋もれてしまう雪と闘ってきたんです。しかも、きちんとした登山用具を持って行くという注意を怠ったために、足はびしょびしょで（僕はいまだにロベルトのブーツを持ってるんですよ）。

ガイドはちょっと危険なクラックを避けて霧の中に姿を消してしまっていて、僕たちは皆、あんまりにも柔らかくてたくさんある雪に手を焼いて死にそうになっていました。くだりは、下の谷間に向かってシエラス公園のプールでやるみたいに滑り降りていったんだけど、同じ結果になってしまいました。つまり、下におりたときにはズボンがなくなっていたんだよ。キューバ人はもう登らないけど、僕は登山に必要なお金が貯まり次第、もう一度エル・ポポに行くし、むろん九月にはオリサバ山が待ってるよ。」

◆

エルネストがメキシコから書いてよこした手紙の中でキューバ人のことを書いたのはこれが初めてだった。このキューバ人が、キューバ革命を実行するための上陸作戦に参加することになっていたうちの一人であったことは明白だ。しかもその登山というのは、単なるスポーツではなく、俊敏さと強靱さを維持するために必要な訓練として行われていたのだ。その七月、エルネストはすでにフィデル・カストロと関わり始めており、「七月二六日運動」軍にも所属していたのだ。

手紙はこう続く。

◆

「凍っていた足は下山するにつれて元に戻ってきましたが、顔や首には全体に雪焼けが残っていて、まるで一日中マール・デル・プラタで日光浴をしていたかのようです。今は、ワセリンが塗ってあるのと、水膨れになったところから汁がでているのとで、顔はさながらフランケンシュタインです。その上、雪をいやというほど食べたので、舌まで同じ状態なんです。登山は素晴らしいけど、唯一僕が劣等感を抱いたのは、今回は五九歳のじいさんと一緒に登ったんだけど、これが僕たちの誰よりもうまく登るんだ。《天使の顔《カラ・デ・アンヘル》》にそっくりのじいさんで、あんたは頭がどうかしてるよって家を出るとき母ちゃんに言われたよ、なんて言いながら、登り始めてみたら、本領発揮といわんばかりに登って行くんで、僕たちがつくりきちゃいましたよ。」

◆

いつもどおり、手紙には署名がない。

◆

エルネストから伯母のベアトリスへ、メキシコからの手紙

「一九五五年七月二〇日、メキシコにて

おばさん、

いつもどおり、おばさんの手紙には少し遅れてお返事してます。実際には、返事をするというのは言葉の綾にすぎないのですが。だっておばさんの手紙は、簡単な電報なんだから……（中略）。

僕の仕事や学問の面での野望については、ほとんどお話しできるようなことはありません。前はすごくたくさんの研究をしていたけど、時が経つにつれて取捨選択されて、今は四つしか続けていないというこことぐらいかな。でも一つの研究しか終われる確信がなくて、それが理由で僕はメキシコに滞在しているんだ。終わっていない他の三つは僕が次に訪問する国に持ち出されることになりそうです。どの国になるかは神と神の新しい右腕[*13]のみぞ知る、だよ。」

◆

エルネストの手紙は本当に、表現と考えをごっちゃにしたり、疑問に思っていることと具体的な話をごっちゃにしたり、計画と失敗談をごっちゃにしたり、というものだった。そういう手紙から真実を引き出すには、念入りに骨を折って検討してみなければならなかった。この手紙では自分が始めている研究の話をしてベアトリスの注意をそらそうとし続けている。しかしいつでも、内側からの強い力にはあらがえず、彼の中に起きている考えが無意識のうちに顔をのぞかせる。この時期にはキューバに行くだろうということが分かっていて、伯母に対し彼の研究のうちのいくつかは「神と神の新しい右腕のみぞ知る」国へと持ち出されることになるだろうと言っている。もちろん彼の言葉は謎めいた神秘的なものなのだが、私たちの方でも彼の軽口や、そして言うまでもなくときどき脱線する癖にも慣れていた。それでもそんな中にいつも完全な真実が読みとれたのだ。

再び手紙の中に登山のことが書かれている。

◆

「九月にオリサバ山にアタックするための訓練として、ポポカテペトルにはもう一度行ってみるつもりです。なにせオリサバ山は、さすがにある程度の熟練と忍耐を必要としますからね。（ベラクルス側になる）完全に熱帯の山腹から、ベラクルス一高い山頂まで登っていくので、とても美しいという話です。むろん、とんでもない高度というほどではありませんが——ペルーではトラックに乗って五〇〇〇メートルのところにいたんだからね——、こういう登山の方法は危険がともなうし、疲れるものです。いずれにせよ、主峰は六〇〇〇メートル近いんですから。」

◆

そして、「甥っ子より」と署名して別れを告げている。

◆

エルネストから母親へ、メキシコからの手紙

「一九五五年九月二四日

母さん、

どうやら今回は僕の心配が当たってしまい、母さんが長年憎んできた敵が失脚しましたね。ここではすばやい反応が起きています。どの新聞も外国の公館も、腹黒い独裁者の失脚を大喜びで知らせています。今は幸運にもアルゼンチンから四億二五〇〇万ドルを取りあげることができるので、米国人たちは安堵の溜息です。メキシコの大司教はペロンの失脚に満足しているし、僕がこの国で知り合いになったカトリック教会の関係者や右派の人たちもみな喜んでいます。僕の友人たちと僕自身は違います。僕たちはみな、当然のことながら不安でいっぱいになりながら、ペロン政権の行く末を見守っています。そして海軍艦隊がブエノスアイレスを砲撃[14]するんじゃないかという脅威を感じています。ペロンは没落貴族のような失脚の仕方でした。バルガスのような死後の尊厳もなかったし、アルベンスのように侵略の

＊13メキシコで彼が終えられると確信していた唯一の研究とは、キューバ人反乱軍に加わっての訓練のことであり、次に訪れる国とはキューバであったということは、疑いの余地がない。神の新しい右腕とは、エルネストはおそらく冗談半分まじめ半分で、フィデル・カストロ博士のことを言っているのだと思う。

責任者を微に入り細にわたって名指しで激しく告発したりもしませんでした。
ここでは、進歩主義の人びとはアルゼンチンの政変を「ドルと剣と十字架のもう一つの勝利」と定義しています。

母さんは今頃大喜びで、自由の空気を吸っていることでしょうね……（中略）。

ついこの間、別の手紙で、階層支配を認めてもらえない限り、軍部は民間に権力を渡しはしないだろうと書きました。今のところは民主党系政権にしか権力を渡さないでしょうね。つまり、最近できたばかりの社会・キリスト教主義政党のどれかから出てくる政権にしか。……[15]は、そういう政党で活動しているんでしょうね、彼は将来誉れ高き下院議員となるでしょう。下院にはそのうちに、たぶん……[16]も、アルゼンチン主義政党の指導者として、土台を据えることになるんでしょうね。母さんは権力を握っている階層の一員だから、絶対に罰せられないと保証されているので、言いたいことをどこでも何でも口にすることができるでしょう。でも母さんはそういう人びとに与しないものと期待しているけどね。正直に言えば、ペロンの失脚のせいでひどく落胆しています。彼のためにではなく、これが米州全体にもたらす意味のためにです。母さんには気にくわないことかもしれないけど、最近のように力ずくでねじ伏せようとしたにもかかわらず、敵は北にありと思っている僕たち全員に対し、アルゼンチンは庇護を与えていたからです。グアテマラの苦々しい日々を身を持って体験した僕にとっては、あれはさながら遠くから模写しているようなものでしたよ。そして事実に忠実なニュース（こんな呼び方は変だよね）と一緒になって、理論上は占拠されていたコルドバ[17]からの声も届いてくるのを見たときには、僕も状況を読み間違い始めたんだけど、後は何もかもが全く同じ顛末でしたよ。大統領が辞任し、評議会が開かれ、交渉を始めましたが、反抗的な立場に立っての交渉でした。その後それも終わり、グアテマラのケースにはなかった唯一のおまけの情報として、若い水兵を伴った一人の軍人がのし上がってきて、そうするとコペジョ枢機卿[*18]が誇らしげに、また新しい評議会で自分の交渉がどういう具合に運ぶかを計算しつつ、国民に向かって言葉を投げかけました。世界中の新聞は——というか、こちら側世界の新聞は——有名な雄叫びをあげ、評議会はペロンに旅券を与えるのを拒絶し、そのくせすべての人の自由を宣言しました。母さんみたいな人たちは、新しい夜明けの光を見るような思いでしょうね。絶対、フロンディシ[*19]にはもうそんな光は見えていませんよ。だって急進派が台頭するとしたら、その仕掛人は彼でなく、ヤダロラ[*20]とかサンタンデール[*21]とか、軍部だけではなくヤンキーと聖職者の利益にも貢献する誰か他の人間になるだろうから。たぶん最初のうちは暴力を目にすることはないでしょう、母さんからは離れたところでやるだろうから（……中略）。

共産党は徐々に蚊帳の外となっていくでしょう。そしておそらく、父さんですら自分は間違っていたと感じる日が来ることでしょう。その間に、母さんの放浪の息子がどうなることか。もしかすると（一つしかあり得ない）生まれ故郷に腰を落ちつけるかもしれないし、本当の闘いを始めるかもしれない

＊14ブラジルの元大統領で、軍部の圧力に追いつめられて権力の放棄よりも自殺を選んだ。
＊15ある親戚。
＊16もう一人の親戚。
＊17この都市に、ペロンを打倒した革命勢力が本拠地をおいていた。
＊18反ペロンの軍事行動を支援したことで名高いアルゼンチン教会の高位聖職者。
＊19自らの政党「非妥協急進市民同盟」を率いてアルゼンチン大統領となった政治家で、ファシスト軍部に打倒された。
＊20ペロン政権に反対するクーデターを支持した急進派政治家。
＊21ペロン政権に反対するクーデターを支持した急進派政治家。

(……中略)。

もしかすると、カリブ中を飛び交っている銃弾の一発にでも当たって命を落とすようなことになるかもしれないし(滅多にあり得ないようなことでもないけど、でも具体的にそういう可能性があるというわけでもないんだ、何しろここいらではよく弾が飛んでくるからね)、それともたぶん、きっちりとした知識を身につけるのと、一生の間にやろうと決めた分だけ好き勝手をやるのにはある程度の時間が必要なので、その間はただ単に放浪を続けるかもしれない。真剣に理想を追い求めるために人生を捧げてしまう前にね。物事は猛スピードで進んでいるから、来年になったら自分がどこにいてどんな主義主張を持っているのかなんて、誰にも予告できないんだよ。

僕の結婚と後継ぎの誕生についての正式な知らせがみんなに届いたかどうか分かりません。ベアトリスの手紙から察するに届いてないみたいだね。もしそうなら、母さんに新しいニュースを公式に教えてあげるから、他の人と分かち合ってください。僕はイルダ・ガデアと結婚しました。そしてもうしばらくしたら子どもが生まれます。ベアトリスから新聞を送ってもらいましたが、すごく興味深いです。ここ何日かの分も送って欲しいです。特に、『われわれの言葉《ヌエストラ・パラブラ》』*22は毎週欲しいです。

チャオ

家族みんなにキスを送ります。イルダがみんなによろしくと言ってます。」

◆

エルネストがメキシコから母親に送った手書きのこの手紙は、彼がアルゼンチンを離れている間に私たちが受け取った手紙の中でも特に重要な一通である。

エルネストが、一九五五年のわが国の政治情勢について行った分析は、全く完璧だ。彼は「ペロン主義《ペロニスモ》」

という事象を私たち家族の誰よりもよく見ていた。私たち家族のほとんどは反ペロン主義だったのだが。彼は、米州の国々でヤンキーによる搾取を身をもって強烈に感じとっており、フアン・ドミンゴ・ペロン将軍を一望の下に見ていたのだ。そうした国々ではペロンは、ニューヨークを中枢とする帝国主義によって抑圧された米州の、未来の解放者として映っていた。

しかし言っておかねばならないが、その当時も、またファシスト体制に支配された国々で亡命生活を送った一八年間の間にも、ペロン自身もこの点についてはっきりさせることはなかった。ペロン政権下での抑圧を直接体験したわれわれとしては、いくら搾取された人民を解放する可能性があるとしても、こんな抑圧は許すべからざるものだと思っていた。

おそらく、私たちの間違いはここにあったのだろう。私たちが個人的な反発をあまりにも強く感じすぎていた一方で、エルネストはペロン政権の社会的意義を見出していた。私個人のケースで言えば、木を見て森を見ず、という状態だったのだ。

この手紙ではひどく落胆した様子が感じとれるが、一方でこれはもっともなことであろうと思う。そして、私たち家族にそんな思いのはけ口を求めている。母親のセリアにしてみれば、それは割に合わないことだった。彼女は「解放革命」なるものをすばやく見抜いてだまされなかったばかりでなく、反対勢力に政治的に参加したのだ。そこで全力をあげて活動し、そのために五〇過ぎという年齢で、三カ月の獄中生活を余儀なくされたのだった。

私に関係することでは、つまり私個人に触れて、「おそらく、父さんですら自分は間違っていたと感じる

＊22アルゼンチン共産党の公式機関紙。

日が来ることでしょう」と言っていることに関して言えば、自分の間違いに気づく日が実際に訪れたことを白状する。私は反ペロン政権の軍事評議会を支持するという間違いを犯した。しかしつくられたばかりの軍事評議会には反対だったので、私の間違いも長くは続かなかった。

しかも、ペロン大統領は一九七三年にわが国の元首に返り咲くと、左派のペロニスモや同じ傾向を持ったすべての政党を抑圧したので、彼が政治的に右寄りの立場をとっているということが十分に示された。

エルネストは家族に宛てた手紙のなかで、いわゆる「解放革命」――結局のところ、これは、わが国の右派の躍進でしかなかったのだが――の軍人たちの立場を厳しく批判している。そうした批判は、歴史的に見れば、チェがペロニスモを支持していたかのように見えなくもない。私としては、この本が歴史に貢献して欲しいと願っているので、次のように述べておこう。一九六一年、ウルグアイのプンタ・デル・エステで、ペロンとペロニスモの政治的・社会的立場についてチェと存分に語り合ったのだが[*23]、彼はこのような決定的な言葉を述べたのだ。「ペロニスモに関しては、今となっては救われるのはジョン・ウィリアム・クック[*24]の人物像だけだ」。この指導者は、一年近くの間彼と連絡をとり続けていた。

◆

ティタ・インファンテへの手紙

「一九五五年九月二四日、メキシコにて

ティタ、

アルゼンチンで起きていることに心を曇らせながら、またあなたにお手紙を書いています。今回は二倍心配しています。たくさんの人が命を落としたうえに、例の一連の事件が起きてしまって、そんな出来事はアルゼンチンにとって全然幸先のいいことじゃないからです。ここからでは断定的なことは何も言えませんが、米国とカトリック聖職者たちが一様に大喜びしていることに加え、新しい評議会の声明や、全員が軍人であったという事実も考えあわせれば、この新しい解放が一体どんなものになるのか、想像がつくというものです。僕がアルベンスに抱いている尊敬の念のすべてを込めて言うけど（イデオロギーの点から言えばアルベンスはペロンとは全く違うので）、アルゼンチン政府の崩壊は、奇妙なほど忠実にグアテマラと同じ足どりをたどっています。そして、国としての完全降伏と、民衆民主主義との政治的・外交的決裂とが、分かり切ってはいても悲しい当然の帰結として待っているということが、分かるでしょう。でも、最近のすべての出来事について、あなたがどんな意見を持っているのかを僕に教えて欲しいし、またうまく話してきかせて欲しいのに、それにそうあるべきなのに、僕の政治的見解の演説なんかぶつのは良くないですね。最近の新聞と、新政権の初期の頃の新聞を小包にして送ってくださいなんていうのは、図々しすぎるでしょうか。船便でいいんです、時間がかかるのも事態の概要を知るのもそれほど問題ではないから。

ダメになったヨーロッパ旅行については、僕の言い方は確かに大げさに飾りたてすぎたものだったといえますが、手紙の人物というのはポーランドの閣僚評議会議長だったんです。僕は青年祭に行こうと思っていたのですが、アルゼンチンからの紹介状が必要だと言われてしまって、でも僕としてははっき

＊23革命後の一九六一年八月、キューバ革命政府工業相を務めていたゲバラは、ウルグアイのプンタ・デル・エステで開かれた米州機構（OAS）経済社会会議にキューバ代表団代表として出席し、北アメリカ帝国主義と「進歩のための同盟」計画を激しく攻撃する演説を行なった。両親はすでにキューバを訪れて、ゲバラとの再会を果たしていたが、両親・弟妹・伯母ベアトリスらはこれを機会に隣国ウルグアイを訪れ、一九五三年以来の再会をようやく果たした人もいた。【訳註】

＊24ペロニスト党の活動家で、革命後のキューバをいち早く訪れたり、一九六一年の反革命軍のキューバ侵攻の際には防衛隊に志願するなどした。それがゲバラとの間の相互信頼を育てたのだろう。【訳註】

りとは言いたくないような事情がいろいろあったし、友達のイサリーが頑張ってくれると思ったんです。いずれにせよ、このことは問題じゃないんです、だってラティナ通信社は僕に借金の一部しか支払わずに去ってしまったので、僕はお金が足りなくて行けなかったんだから。

その他、僕の経済状態は、基本的な必要を充足できるぐらいまで良くなりました。学業の面ではだいたい良好で、今年中に終えられるとは思わないけれど、ゆっくりと仕上げに向かって進んでいる研究を三つ抱えています。

学位取得に関してあなたからのいい知らせを期待しています。それから人間関係でのごたごたがましになっていることも。小論文の載った出版済みの雑誌は送りません。僕にはその巻をくれなかったので。どっちにしても読んでもらうほどのものでもないし。あなたの永遠の友達、エルネストからの抱擁をお受け取りください、それから早くお返事を下さいね。」

◆

エルネストから伯母のベアトリスへ、メキシコからの手紙

「一九五五年一〇月七日、メキシコにて

大好きなおばさん、

何千年ぶりかでタイプライターに向かい、出しそびれている返事をいくらか書こうとしています。今回はおばさんの番だよ。恋愛がらみの重要な知らせについては母さんから聞いてもう知ってるんでしょうね。僕は結婚しました。そしてまもなくウラジミール・エルネストが生まれるのを待っています。言うまでもなく、僕は待ってるだけで生むのは妻なんだけど。

オリサバ山頂には登りませんでしたが、明日ポポカテペトルに向けて出発し、燃える太陽の国旗を手

に登ろうと思ってます。この火山の山頂で壮大なセレモニーが執り行われ、五〇〇〇〇人にも上る世界中の登山家が集まります。登山中にいい写真が撮れたら、おばさんにも送ります。

あと、アルゼンチンのニュースをできる限りたくさん得たいんです（おばさんが送ってくれる新聞はちゃんと届いていて、セサル・ブルート[*25]じゃないけど、六、七〇回はお礼を言ったよ）。専制君主が失脚しておばさんは喜んでるだろうけど、僕は全く反対の気持ちだよ、言わなくたって分かるだろうけど。それはたぶん、僕が生まれつき、轡をしっかり締めていてもらってときどきお世辞を言って欲しいという願望があるからか、またはアカのプロパガンダに染まっているからか、どちらかだろうね。どっちなのかはよく分からないけど、僕としてはペロンの失脚はちょっと残念でしたね。アルゼンチンは灰色の羊だったけど、でも他の多くの国とは明らかに違っていた。今となっては出来のいい二〇頭の兄弟たちと同じ白い羊になるんでしょうね。ミサを行えば感謝の気持ちでいっぱいの信者たちが大勢詰めかけるだろうし、金持ち連中はインディオに身の程を思い知らせることができるだろうし、米国人は利潤の大きいアルゼンチンの大企業に投資するだろうし、つまるところ、天国みたいだ。はっきり言ってなんでか分からないけど、僕はこの羊が灰色だったころが懐かしいね。

話題を変えるよ。ここ何日かはメキシコでは大雨が降って、（先祖ゆずりの）コルドバ製の丈夫な布でできた僕の防水着[*26]も通り抜けてしまうぐらいだったよ。街の一部が洪水になって、宿なしになってし

＊25国内では非常に有名なアルゼンチンのユーモア作家・新聞記者のペンネーム。
＊26エルネストの「（先祖ゆずりの）コルドバ製の丈夫な布でできた僕の防水着」とは、彼自身の肌以外の何物でもなかった。防水着を持っていなかったと言ってもいいだろう。

まった人びとがいました。でもどうだっていいんだ、だってあそこには金持ちは住んでなくて、いたのはインディオばっかりなんだから。[*27] 僕は国連職員である素晴らしい奥さん、ハリケーン・イルダ[*28]と一緒に立派な地区に住んでいます。この象徴的でぴったりな名前を見てよ、メキシコ湾を臨む港町タンピコを襲って廃墟にしてしまったハリケーンの名前だよ。そのあとハリケーン・パヌーコが来て、洪水になってほとんど沈んでしまいました。今はありとあらゆる性質のやくざ者たちが闊歩しています。僕は救援活動に協力してもいいと申し出たんだけど、政府に鼻であしらわれて、大災害を間近に見ることができませんでした。月末にはちょっと休暇をとって、イルダと一緒に、破壊された地域とマヤのものより少し古い遺跡をまわって来ます。

書くのに疲れてきたし、もう遅い時間です。愛情の的の甥っ子から、おばさんとエルシリアス母娘にすごく大きなキスを。

エルネスト」

◆

いつものように、伯母のベアトリスをからかっている。まじめ半分、冗談半分の語り口ながら、ペロンの失脚に触れた部分では、自分が左派であることに言及して、アカのプロパガンダに毒されているから褒めてくれなくてはいけない、と言っている。伯母のベアトリスが反ペロン主義だったのを知っていたが、アルゼンチンが米国の活動範囲内に陥ってしまうことがどんなに危険かを、彼女に分からせようとしていた。アルゼンチンを灰色の羊に例え、話題の「解放革命」がどんな道をたどることになるのかを、簡単にまとめている。実際私たちは、二〇頭の兄弟とうりふたつのもう一頭の白い羊になってしまった。つまり、ニカラグア、グアテマラ、コロンビアなどのような兄弟たちと。白い羊たちの何頭かは何年も後になって柵を破り、囲い場から逃げ出すことができた。そのうちの一頭（キューバ）はフィデル・カストロが解き放った革命のおかげで、他の者たちはまだ中途半端に囲いの中に尻尾を残した状態で……。

＊27 自分の好きな伯母の偏見をからかっている。

＊28 彼は最初の妻をこのようにも呼んでいた。

第七章 「米州全体で戦闘が起きるでしょう……」

エルネストから伯母のベアトリスへ、メキシコからの手紙

「一九五五年一一月五日、メキシコにて

僕の大好きなおばさんへ、

おばさんから愛情あふれる電報を何通かもらいました。新予算の恩恵に浴することのできる親戚がそんなにいるなんて、うれしいよ。」

◆

説明しておくが、その新予算の中には私たち家族も遠い親戚もだれ一人として含まれていなかった。手紙はこう続く。

◆

「僕の仕事は相変わらず大変だけど、とても面白いです。経済状況が良くなりそうな申し出も、雨と降り注ぐようになりました。でもまだ決心がつきません。お金を稼げば稼ぐほど、知識はどこかの片隅に置き去りにされていくからなんです（……中略）。

三月には三つ（の研究）を終えて、何かもっと実入りのいい仕事を受けられるように、自由の身にならなくては。その頃、エルネスト三世が生まれるからです。リチャード獅子心王《リカルド・コラソン・デ・レオン》とトゥパク・アマルの

子孫にふさわしい歓迎をしてやらないとね。」

ここではエルネストは、伯母はリチャード獅子心王の子孫だが、それにひきかえ、自分の妻にはかなりの割合でケチュアの血が流れていることを遠回しに伝え、ベアトリスを愛情込めてからかっている。[*1]

◆

「時間が経つのがあまりにも早くて、しかもその間にあまりにもいろんな事が起きたので、アルゼンチンでは僕はもう、中途半端によそ者になってしまっただろうな。だったら、アルゼンチンに帰るのは、完全なよそ者になってからにするよ。僕のさしあたっての目標は変わっていません。でも、アルゼンチン国内の闘争には首をつっこみたいと思っています、見ものだからね。いろいろ起きていることの報いとして、汚い大戦争が起こったって、おかしくないと思ってるよ（大戦争と言ってるのは、戦争が起きるんだったら米州の端から端まで巻き込まれるだろうから）。おばさんはこういうことに無関心だし、信じようともしないから、やめにして天気の話でもします。メキシコはもう寒いです。また僕の素晴らしい登山の話や、エルネスト・ウラジミール[*2]やイルダ・ビクトリーナ[*3]といった名前が新しく法的身分を獲得するという話もしないとね。

＊1私の姉のベアトリスが、リチャード獅子心王の血を引いていると言ったことは一度もないが、メキシコのペラルタ副王の血筋であるといつも言い張っていた（全くの事実だったが）。ペラルタ副王はコンセプシオン・カストロ・ペラルタ（父方の祖母）の祖父であった。エルネストはベアトリスをからかって、この副王を象徴してリチャード獅子心王と言ったのだ。トゥパク・アマルは最後のインカ皇帝。
＊2エルネストはもし第一子が男の子だったらソ連人の名前をつけるんだと念を押していた。
＊3結局イルダ・ベアトリスという名になった。

おばさんの甥っ子たちの中で一番良い子でキュートな僕から、愛情のこもった、強い、おばさんを恋しがっている、葉っぱ[*4]くさい抱擁を。

T・T[*5]」

◆

これが、祖国の闘争に参加するつもりだということをエルネストが口にした、二通目の手紙である。開発途上国の人民を抑圧する植民地主義に対する反抗心が、抑えきれないほど彼の中に育っていっていたことは明らかである。そして今や、さしあたっての目的地はキューバであるとはいえ、親米軍事政権の手に落ちた祖国も、ゆくゆくはおそらく自分の行き先になるだろう、と考えていた。

◆

エルネストから母親へ、メキシコからの手紙

「一九五五年一一月九日、メキシコにて

母さん、

癒された心で、三位一体のお導き通り歩み、母さんと、そしてすべての解放された人びとと一緒にまいります。僕は新しい人間です。」

◆

彼がまだ「解放革命」の悪夢から抜け出せないでいるのが分かる。彼の言葉のはしばしに、皮肉が染み込んでいる。

◆

「僕の変身という奇跡がどのようにして起こったのか、説明するのは難しいです。ある日電話があって、アルゼンチンの件について自由討論を行う会議があるから出席しないか、と言われたんです。報告者は見事にそして簡潔に、アルゼンチンが陸・海軍、学生、聖職者たちによって解放されたという奇跡を説明しました。解放というただ一つの願いのもと一致団結した、アルゼンチンの最も純粋な集まりです(……中略)。

革命の顚末が説明されました。その後討論が始まり、何人かの傑出した米州解放の戦士たちが、なぜ共産党はこの出来事に関与しなかったのかと問いかけました。報告者ははっきりと言葉を区切りながら、同志の間の国際的スローガンとその他の非常に重要なことを説明しました。

このころはまだ変わっていなかった僕は、私にも発言させて下さいと言って僕なりの見方を説明したところ、結局それは共産主義《アカ》の裏切り者たちと同じ意見だったんです(ときどき神様は、恐怖を体験させることによって人間の徳をお試しになるんですね)。思い出すと、あの頃はずいぶんと激しく攻撃して(……中略)、インガリネージャ[*6]の死について共産党があれ以上抗議しなかった方がなぜ良かったのかというと、インガリネージャは反動政治家に姿を変えていたからだ、と説明しました。また、(お人好しな人びとほどだまされたけど)主権の保護というのは政治家の決まり文句の一つであり、保守派と進歩主義的な民主主義者たちによって掲げられた旗印なんだ、とも言いました。共産党が自粛したのはペロンを支持しているからではなくて、《ビバ・ネロ》[*7]と叫んだあの老女をちょっと真似るためだったん

*4彼が毎日飲んでいたマテの葉っぱのこと。
*5エルネストは生後二ヵ月頃、こう呼ばれていた。知る人の少ない愛称である。
*6アルゼンチン・ロサリオ市の医師で、共産党員。ペロン政権の末期にロサリオ市警に暗殺されたと考えられている。

だと説明しました。また、僕の判断では、権力を握ることになる聖職者と海軍の連合からは、何も純粋なものは出てこないとも言ってやりました。参加者の中には、僕に言葉に気を付けるようにと強く求める人もいました。彼らはアルゼンチン国民に祝電を送ろうと考えていたので、僕は事の経緯を見守るべきだとほのめかしました。組合民主主義化すると言っているが本当に実現されるのか、パラシオスは大使であり続けるか、フロンディシは評議会に残り続けるのか（フロンディシの方は、他の二人に譲歩して、ということになるが）、そして重要なのは、現政権の経済政策の成りゆきを見守ることだ、とね。報告者は社会主義者でしたが、経済政策なんていうのは《ある程度二次的な》問題だ、と答えました。僕は頭を抱えましたよ。でも今は、十二使徒が言った、《肝心なのは自由だということだ》という言葉の意味が分かるよ。

そろそろからかうのにも疲れてきたよ。アルゼンチンで起きたことに関しては、僕は一歩もゆずらないよ。労働者の側では相変わらずペロン人気が高いという悪条件も加わって、こんなのは時代に逆行しているとしか言いようがない。帝国主義にとってはこのうえない状況だけど。つまり、政権を握った人びとがそのまま居続けたいなら、ワシントンと条約を結ぶことになるし、ペロンが政権を取り戻したいんだったら、やっぱりワシントンと条約を結ぶことになるんだからね。」

◆

エルネストから母親へ、メキシコからの手紙

エルネストは、手紙の中ではいつも、生理学の教授の職に就く可能性のことを書いていた。そんな職は、私たちを煙に巻いて注意をそらすためのものだったんだということ、彼の本当の仕事が何なのかに気づかれ

ないようにするためのものだったということが、後になって分かったのだった。彼はこんな風に書いている。

◆

「一九九五年一二月五日、メキシコにて

（……中略）生理学者が絶対的に不足していて、生理学の分野に専念して地方で教授として働いてくれないかと頼まれているんです。もちろん、もっと重要なポストの仕事を後で見つけるためのとりあえずの仕事になるだろうけど。でも小学校の先生すら僕には似合わないと思うよ。」

◆

エルネストは、心の奥ではやる気などない何かを具体的に書く、ということができないたちだった。そこでこう書いている。

◆

「たぶん中身はいくらか変わっただろうけど（どっちにしても根本的な変化ではないけど）、外見は家を出たときと全然変わりありません。だから教授みたいなご大層な仕事には向かないんだよ。つまり、この仕事は引き受けません。

一日中、朝から晩まで仕事をし、本を読み、それから寝るという閉じこもりがちな生活が週六日間続き、一日はマヤ文明地域に散策に出かけたりしてという暮らしにも慣れたころ、とりわけメキシコ湾に二日間行ったときの旅行は、時期も何もかも当たりで、眠っていた僕の中のライオンが目をさまし、今

＊7お話の中では、ネロが失脚したとき老女が「ビバ・ネロ！」と叫び、なぜそんなことを叫ぶのかと訊かれると、それまでの経験から言って、新しい皇帝は誰にしても、前の皇帝より悪質だからだ、と言ったそうだ。

では檻の中をうろつき廻り、一人前に自由に出歩けるようになるときを待ちかまえています。」

◆

その後自分の日常生活のことを書いて、マテの葉と新聞を送ってくれと頼み、家族のことを書き、「チャオ」と言って母親への手紙を結んでいる。

◆

エルネストから伯母のベアトリスへ、メキシコからの手紙

「一九五五年一二月一五日、メキシコにて

大好きなおばさんへ

（……中略）毎日毎日、退屈な、二度目の学生生活を送っています。楽しみと言えば、ときどき火山に出かけていくことぐらいです。そんな火山の一つ、イスカシワトル（土地の言葉で、眠れる女性という意味です）は、僕の敗北の証人です。雪と、激しく吹き荒れる風と、悲惨な死亡事故が伝えられていたひどい雪崩と、そしてほんの少しの恐怖心（ほんのちょっぴりだよ、ちょっと面白味があった方がいいでしょう）のために、勇敢な僕ら登山隊は眠れる美女の冷たい胸にたどり着くことができませんでした。その後、前は灰色の岩だったのが今は雪に覆われていたせいで二日間も道に迷って悪戦苦闘した挙げ句、家に帰りました。

研究室での仕事はゆっくりといい方向に進んでいます。一九五六年の三月にベラクルスで開かれる次のアレルギー学会の準備もしてます（……中略）。

手紙を書いてね、それから新聞も送ってくださいね（マテの蓄えはもう充分あります）。

それでは。」

◆エルネストから伯母のベアトリスへ、メキシコからの手紙

何年もの月日が経過した今読み返すと、この手紙は感動的だ。ベアトリスに、自分が金持ちになったら黄金でできた家を買ってあげると言っている。母親に甘やかされて育っていた私は、四歳の頃、金持ちになったら黄金の家をプレゼントしてあげる、といつも母親に言っていたものだ。エルネストはこの話を知っていて、一番好きな伯母に同じことを言っているのだ。その後、こう書いている。

◆

「一九五六年一月八日、メキシコにて
(……中略)ここでは、相変わらずブルジョアっぽい悠長な生活を送っています。日常の仕事を邪魔するものは何もないし、もうすぐ子どもが生まれることもそれほど気にはなりません。どうやら、二月の最後の週か三月の最初の週に生まれそうです。」

◆

友達のグラナードがベネズエラにいて電話をかけてくる、と書いている。その後、こう付け足している。

◆

「でも僕は、もっと遠くに行きたいと考えているんです。イルダが国連で働いていて、転勤ともなれば家族全員同伴なので、そこへ僕は女王様の幸運な夫君として登場するわけだ。運が良ければインドネシアとかあの辺の国が当たるかもね。救いと、銃弾と、ターバンがあって、蚊がいるあの辺の国がね。

それ以外では、今年中に少なくとも二つから四つぐらいの学術研究か、学術もどきの研究を終えられたらいいなと思ってます。僕は丈夫だし、前向きだし、よく火山に登るし、しょっちゅう遺跡を訪ねて

いるし、聖カルロスやその学派の本をよく読むし、(遊びに関することだけは) 物知りなフランス人の女の子と一緒に、ソ連に留学することを夢見ています。それに、おばさんたちもみんな一緒に。僕がこんなにまで愛している家族のみんなと一緒にね。

さようなら《アリデベルチ》、愛しい人《マイ・ラブ》
強い抱擁《アブラソ》とドレッシング《アデレソ》を。」

◆

この手紙を読むと、エルネストのすべてが描き出されているようだ。ユーモア、軽口、そして冗談の合間に挟まれる大切な知らせ。最後の一段落は彼のその頃の生活、どういう考え方をし、どういう働き方をしていたかを要約している。マルクスを読み、叔母を脅かそうとして「フランス人の女の子と一緒に」ソ連に旅することを夢見ているなどと言っているが、最後には「おばさんたちもみんな一緒に。僕がこんなにまで愛している家族のみんなと一緒にね」と付け足して、彼女をなだめている。そして、それとなく火山への登山のことを話し続けているが、今でこそ分かることだがそれはつまり、ゲリラ兵としてキューバ入りするための訓練だったのだ。

◆

エルネストから母親へ、メキシコからの手紙

「一九五六年一月、メキシコにて
僕の大切な母さん、
僕はここでまたタイプライターと奮闘しています。でも今度はもっと決然と機械に闘いを挑んで、し

かもキーボードをほとんど見ずに（これがマスターできたら、刺繍も覚えるよ）。この手紙を書いているのは、母さんにご挨拶し、立派な父さんと立派な弟や妹たちと一緒に佳き新年をお迎えのこととお慶び申し上げ、それから、この神の国には母さんたちからの手紙が届かないんですがと伝えるためです。僕の素晴らしい生まれ故郷が、ここ最近騒然とした状況にあるということも手伝って、とても心配しています。政府のフリーメーソン会員たちに対抗する企てを、またもやコペジョ猊下とぐるになって準備してるんじゃないかと、恐れてるんです。僕はここで見ていますが、口はつぐんでいます。だって、口を開けば、グリンゴが大量の借款を与えてくれるというけれど、それを一体どうやって手に入れるつもりだ、と訊いてしまうだろうから。プレゼントしてくれるというのか？　と訊いてしまうだろうから、口を開けばの話だけど」。

◆

いつも通りの鋭いユーモアとからかいを込めて、エルネストは私たちを、コペジョ師（アルゼンチンの著名な反動的高位聖職者で、「解放革命」政権を支持していたが、私たちは何の関わり合いもなかった）と結びつけている。彼は自分自身の性格をどうしようもなかった。彼の言葉は常にユーモアにあふれていて、ほとんどの手紙に、気の向くままに口にした辛辣な批判が垣間見られた。特にまじめな内容の手紙ですらそうだった。ここにその好例と言える手紙があるが、こんなふうに書かれていた。

◆

――「アルゼンチン・ペソは少しばかり盛り返してきたみたいで、良かったですね。だって、四五ペソなん[*8]――

＊8　一ドルが四五ペソに相当するということ。

てひどいよ。もう大丈夫、四一ペソだったらやっていけるね。何もかもうまく行くようになると信じていますよ。結局のところ、完全自由主義を取り戻せば、とりわけ貿易自由化と為替変動の自由化をすれば、当然こういう結果になるというだけのことなんですけどね。この二つは、完全自由化のなかでも、切り離して考えることのできない重要な部分だから。僕も自由の国に住んでいるので、その自由という感覚を理解できます。同じく、為替相場とかそういうつまらない事を制限していない国に住んでいるのでね。

　きっとそちらでは物価がずいぶんと下がってることでしょうね。今や自由化されたんだし、しかもそんじょそこらの自由化じゃなくて、アランブル[*9]みたいな人材が主導する自由化なんだからね。ちょうどメキシコでも、あの言葉がよく話題にのぼっていましたよ。優雅で、的を射ていて、味わい深いから、歴史に残る言葉になるでしょうね。

『政府は必要だと判断されたら直ちに選挙を認める。一分早すぎることも、一分遅れることもあり得ない』。[*10]すばらしいよ。今は皆さんほっとしてることでしょうね。アルゼンチンの針路をはばもうとして、卑怯者のペロニスタたちがちょこちょこと問題を引き起こす程度のことはあってもね。ペロニスタたちをパタゴニアに追放してしまって、判事が申請しても帰らせないという、例のやり方はすごくいいと思うよ。判事[*11]というものは、政府が与える法律が遵守されるように働いているのであって、彼らの好きなように法律を解釈するために働いてるんじゃないからね。

　つまり、僕は生まれ変わったアルゼンチンを是非とも見たくてしかたないんだ。」

◆

「解放革命」の後にエルネストが書いてよこした手紙は、どれも私たちに対して辛辣なもので、ほんのいっときであれあの革命を支持したとは、どれほど愚かしいことだったかを思い知らされたものだ。
そして手紙を結ぶ前に、母親にこう書いている。

◆

「働き続けなきゃならないのに（ああ、日々の糧を得るのは大変だ）（嘘ばっかり）、僕は気力が萎えてしまいました。こちらでは、身を切られるような寒さがあったんです。子どもは二月の最後の週に生まれます。（アレルギー学会がある）三月が終わったら、行政年度で言う一九五六年から五七年にかけての身の振り方を決めます。

大きくて力強い抱擁と、キスと、その他全部を母さんに。家族の他の人にもちょっと分けてあげて。

チャオ

終わり。」

◆

エルネストから父親へ、メキシコからの手紙

「一九五六年二月九日、メキシコにて

父さんへ

＊9エウヘニオ・アランブル将軍はエドゥアルド・ロナルディ将軍を継いでアルゼンチン大統領となった。ロナルディは、一九四六年以来合憲な大統領を務めていた、フアン・ドミンゴ・ペロン将軍を打倒した軍事クーデターを通じて、政権の座に着いた。
＊10この横柄な言葉がアランブル将軍によって発せられたということは周知であった。
＊11解放革命政権期には、司法府の構成員の多くが更迭され、政府がまるめ込んでいる判事がその後釜におさまっていた。多くの政治犯たちを遠くパタゴニアに追放し、軍事政権を告発するために彼らを首都に帰らせるように申請しても、連れてこようとしなかった。

相変わらず、有名な日付[*12]がもう忘れられてしまった頃にしか届かない、お祝いの手紙を書いています。旧友に囲まれて、(……中略)楽しいお誕生日を過ごすのでしょうね。」

◆

アルゼンチン政治の話題に戻ってこう書いている。

◆

「新聞や雑誌を送ってくれるんだったら、ここじゃ大歓迎だよ。ニュースはずいぶん乏しくて、ときどき入ってくるものといえば、何かの陰謀が失敗したっていう噂ばっかりなんだから。ここでは、『ペロンの総て』という題名の映画が始まるよ。同じ題名の本で読んだことから推察するに、ペロンを暴くというよりはむしろ、ペロンと赤色帝国主義とがいかにひどく結びついていたかを明らかにするという内容です。父さんだって、教会の焼き討ちはファシスト・ペロンの仕業ではなくて、共産主義者たちがやったことだって知ってるでしょう。ペロンを陥れるためのもう一つのひどい証拠は、ソ連との通商条約で、これは、ヤンキーたちとの寛大な交易を(まったく恩知らずにも)顧みずに、国を売り渡しているに等しい、というのです。」

◆

そしてメキシコのことについてはこう書いている。

◆

「……物価は毎日上がっていて、(今のように)ヤンキーの提督がメキンコを訪問している間は、本当の意味での民主派の代表者や、あるいはプエルトリコのナショナリストたちのような明瞭なる反帝国主義派の代表者たちは、皆投獄されます(……中略)。

――ゲバラ医師のことをお話しすると、さんざ悩んで考えあぐねた挙げ句、チャンスを受け入れて生理学の教授になりました。よく聞こえた？　生理学だよ。」

◆

生理学の教授職の口はあったが、エルネストは一度も引き受けるには至らなかった。これは、その頃すでに本当の革命家として活動していたことに、私たちが感づかないようにするための罪のない嘘だったのだ。フィデル・カストロ博士と知り合い、戦闘員としてキューバ入りするためにすでに「七月二六日運動」と関わりを持っていた。手紙はこう続く。

◆

「母さんがいい加減機嫌を直して、孫と、ついでに嫁さんとかなにもかもを見に来てくれると、素晴らしいんだけどな。しかも、メキシコに来てもらえるように早くそうしてくれるともっといいんだけど。一見の価値のある国だから。来年はここにはいない可能性が高いんだ。」

ごらんのとおり、翌年にはもうメキシコにいないという確信があるから、母親に早く孫になる男の子[*13]を見に来てくれと頼んでいる。

そして、いつも好んでそうしていたように、私のことをからかってお別れの言葉を述べた後、「シッダールタ・ゲバラからの大きな抱擁を。」と結んでいる。

＊12私の誕生日。
＊13結局孫は女の子だった。

◆エルネストから母親へ、メキシコからの手紙

「新しい時代[*14]の二五日、メキシコにて
おばあちゃん[*15]、
僕らは二人ともちょっと歳をとってしまったよ。それとも果物になぞらえるなら、もう少し熟したというところかな。赤ちゃんはものすごくみっともない女の子だけど、一目で他の同い年の赤ん坊たちとは違うということが分かるよ。お腹がすくと泣くし、しょっちゅうおしっこをするんだ……。明るいのが嫌いで、ほとんどいつも眠ってる。でも、他の子どもとはさっそく違ってるんだよ。彼女の父親はエルネスト・ゲバラというんだから。」

◆

娘のイルダが生まれたばかりだった。彼は男の子が生まれると思っていた。そしていつも通り、自分自身のことと家族全員のことをからかい、ユーモアを全開にしてアルゼンチン政府を叱咤し、ついでにメキシコ政府も批判している。

◆

「チャンスを失ってしまって腹が立ってるんだ。アルゼンチンの法律で結婚していれば、イルダが他の男と逃げ出して僕と離婚するんじゃないかなんて、今頃心配する必要はなかったんだ。メキシコ人てやつは遊び人ばっかりで、離婚を許可してるんだからね。しかも、共産党を非合法化するつもりだってことが分かったんだ。前は疑ってかかっていたことを、今では信じるようになったよ。つまり、この政府は正真正銘の民族解放政府で、アカの害虫から僕らを救ってくれ、しかも原子力エネルギーを持つよう

になるんだよ。一体いくつぐらいあるのか分からないけど、アンド・パワー社がアルゼンチンに原子炉をつくる準備を整えてるんだよ。あとは、政府が不正をやめて、暴君が行った接収の代償を支払いさえすればいいんだ。当然、原子力条約を結ぶだろうね。米国は、雌牛を雄牛に変えるような危険を冒すわけがないからね。でも、この条約はすごくありがたいものなんだよ。ここではもう一つ結ぶことになってるけど、グリンゴたちは友達に対しては大サービスするんだ。メキシコはただ、ウランの抽出の管理をすべて米国に委ねればいいだけで、試掘はメキシコ側の仕事なんだ。こっちの手間をとらせないようにという配慮で、米国の担当者がやってくれるんだけど。こっちの手間をとらせないためなんだ。ウランを売れる相手は米国に限られているけど、まだはっきりとは決まってないものの、米国はその翌日にはメキシコに一つか二つ原子炉を売ってくれるんだよ。

もちろん、メキシコにではなくて、ここで経営しているボン・アンド・ワールの子会社にだけどね。この会社は電力の供給の役目を担うことになるんだ（これは肌の焦げたメキシコ人にはあまりにも細か過ぎる仕事だからね。メキシコ人ときたら、北の国に迷惑をかけないように、国境で犬をけしかけてやらなくちゃならないような人びとだもんだから）。

母さんにどんなに会いたいことか、ここでよりアルゼンチンで会いたいよ、でも今のところすごく難しいです。どっちにしても、逆に母さんがメキシコに来るというのもあまり実現しそうな感じじゃないね、だって遺産[*16]が手に入る頃には、アルゼンチン・ペソはたぶんボリビアの通貨ととんとんになってる

*14 エルネストは何のことを言っていたのだろう？ 娘の誕生のことだろうか、それともキューバ革命の始まりのことだろうか？
*15 母親のセリアはこのときもうおばあさんになった。

だろうからね。今年がメキシコで過ごす最後の年（少なくとも、六で終わる年としては最後の年）になるということについては、自分なりにほとんど決心がついたよ。学業の方はそこそこだね、でも母さんにそれを話してしまったらお父さんに書くことがなくなっちゃうからね、お父さんには休日（日曜日）を利用して今日明日中に手紙を書きたいと思ってる。

母さん、次の千年の間には、地球という名の、神様の創り損ないのどこかで、母さんに会えますように。

イルダ・ベアトリスと僕からのキスをお受け取りください。イルダおばさんは別にしておくよ、若者の間のことには彼女は関係ないからね。

さようなら、僕の母さん《アリベデルチ・ミア・ハビエ》[17]」

◆

ティタ・インファンテ宛の手紙

「一九五六年三月一日、メキシコにて

ティタへ

こんどは僕の方が、僕たちの文通関係をしばらくさぼってしまいました。これ以上ないくらい陳腐な言い訳だけど、本当に大変な仕事を抱えてるんです（それにもっと悪いことには、学業面でも経済面でも何の収穫もない仕事なんですよ）。息子かと思ってたら娘でしたが、後継ぎが生まれて、イルダ・ベアトリスと名付けました。生後一五日ですが僕の喜びは倍増しています。（……中略）僕も、退屈な所帯じみた父親になってしまうかもしれないな。（……中略）そうはならないだろうってことは分かってるけど。一体いつまでかさっぱり分からないけど、僕はこの自由奔放な生活を続けて行くでしょう。罪深い我が身でアルゼンチンに降り立ち、遍歴の騎士のマントをうち捨てて、武器をとるという義務を果たすために（……中略）。

研究の方の話はしづらいです。告白するけど、一年近くも時間を無駄にしたあとで、ヒスタミンの化学的分析についての研究なんてとてもできないですよ。もう一つの、ヒアルロニダーゼ入りの食べ物の摂取を通じて口腔に起こるアナフィラキシーに関する研究は、独自の研究になりうるという利点があったんだけど、初期段階での失敗で財政援助を打ち切られてしまったので、まだできていません。この研究からは何かを引き出せると思ってます。これよりは重要度の低い他の二つの研究は、仮説が否定される結果が出てしまったので、発表は取りやめました。エレクトロフォレシスについての研究は、設備が整わなかったので一度たりとも発展させることはできませんでした。ヒスタミンと黄体ホルモンの作用に何らかの同一性を見定めるという研究の方は進めていますが、何かしら結果を出せるでしょう。（もし良い結果が出れば、奨学金が下りてどこでも好きなところで研究できるという約束になってるんですが。僕はそんなに信用していません。）他の研究を補うために、ヒスタミンの組織化学を勉強し始めましたが、ずいぶんややこしいです。大学で生理学者として働かないかという誘いもあったんですが、ここでは申し出はずいぶん簡単にするんだけど、実際に仕事をくれるのかというと、そうじゃないんですよね。他にも、病院でアレルギー分野の研究者として働かないか、というのがありましたよ。そうなれば、せっぱ詰まった経済的な問題も解決するし、メキシコで何かもう一つ研究をなし終えて、待ち望ん

＊16 サラ・デ・ラ・セルナが母親のセリアに残したお金のことを言っている。
＊17 「ハビエ」は「ビエハ（お母さん）」をスペイン語表記で逆さまに読んだ造語。

だフランス行きの奨学金をもらえるかもしれないんですが（あなたは意地悪だから、僕がこの奨学金を申請するのは、本当は勉強のためなんかじゃないだろうと疑うでしょうね……その通りだよ）。

政治情勢については、僕は何も書けません。前の手紙みたいにごく概略でも構わないから、あなたの方から僕に、何か展望を教えてくれる番ですよ。前の手紙には、僕は全くの同意見でした。あなた自身のことも、いろいろといっぱい話さなきゃね。いつになったら、そのきりのない落ち込みようが治るんですか。いろんな事情のせいだなんて言わないで下さいよ、そうじゃないんだから。体質的なものでもありませんからね。どっちみち、今日は遠方から説教してみる元気はない感じなんだ。（……中略）あなたの永遠の友達からの抱擁をお受け取りください。それから怒りもね。どうかあきらめないで。」

◆

エルネストから母親へ、メキシコからの手紙

「一九五六年四月一三日
母さん、
（……中略）手紙を書くのすらさぼっていたけれど、手紙がブエノスアイレスからの知らせを受け取るための唯一の手段だということは、良く分かりましたよ（……中略）。
それではちびちゃんの話をしますね。僕は娘に大満足しています。僕の共産主義魂は、はちきれんばかりに膨らんでいます。あの子は、毛沢東にうりふたつでね。もうすでに、頭の真ん中にはげができかけているのが分かるし、主席と同じ優しげな目をしていて、二重あごが突き出てるところもそっくりです。今のところは主席より軽くて、ようやく五キロを超えたところだけど、いまに主席と同じ体重になるよ。普通の子どもより甘やかされていて、おばあちゃん（彼女のおばあちゃんという意味だよ）の話

にきく僕の食べっぷりとおなじ食べ方なんだ。鼻からミルクが出てきてしまうぐらい、息も付かずに吸い付いているよ。」

◆

そして他の手紙と同様、生理学の教授職の件に話を戻している。

◆

「メキシコ国立大学の生理学教授になります。この国の大学では普通のことなんだけど、しけた給料でね。でも、こういう職業につきものの身分は、十分に得られるんです(……中略)。僕のお荷物になっている、いくつかの研究を終わらせて、新しく取り組む条件反射という専門分野に没頭できるようにしようと思って、並外れた働き方をしています。条件反射を利用した喘息抑制剤をつくってやろうと思いついたんだけど、この辺のことが全部どうなるかは、全然分からないんだ。お金はいくらでも出してくれるけど、人手は出してもらえません。ここの病院の貧しい患者さんたちなんて、首を締めて殺そうが蜂の巣にしようが、医者の好き放題だっていうのにね。

ベアトリスおばさんから手紙をもらったんだけど、ペロンのせいで医療の分野で不足が起きて、そのせいで小児麻痺が発生したけど、米国人がすぐさま、いつもどおり下心もなく助けに駆けつけてくれたってしきりに言ってたよ。彼らのような偉大なる隣人の援助がメキシコあたりにとどまらず、どうやら僕の祖国もその恩恵に浴せるらしいと思うと、ほっとしますよ。それにアプラ党も援助を受けたので、すぐにも人々がペルー入りし、イルダもすっかり安心して国に帰れるでしょうね。赤い疫病の熱狂的な虜になっている男と結婚するなんていう不都合なことをしたばっかりに、彼女が次期国会で代議士をしていい給料をもらうチャンスを逃すだろうと思うと、ほんと気の毒です(……中略)。母さんが太っちょのロホ[18]と気が合ったなんて、うれしいですね。僕ともずっと気が合うといいんだけど、たぶん無理だと思うよ。あいつと話して気がついたと思うけど、あいつは僕のことを楽天家だと思っていて、おとぎ話をするぐらいしか脳がないようなタイプだと思ってるんだ。普段の生活では僕は確かに楽天家かもしれないよ、でも問題を政治的に分析したとき、あいつはこっちがびっくりするくらいばかげたことを言っていたよ。」

◆

そして次のように、いつもどおりの冗談混じりで別れを述べている。

◆

「ぼろをまとった人の記念碑[19]と同じくらい大きな抱擁を母さんに。でも建てられる予定だったあの記念碑のことじゃなくて、愛する大統領夫妻の肖像とともにアルゼンチン国民の心の中にある記念碑のことだよ。神のご加護がありますように、アーメン。他の家族にはひとまとめにした抱擁を。」

◆

エルネストが手紙の終わりに書いたお別れの言葉は、ペロンと主義を同じくしなかったわれわれ家族の者を怒らせようとする一つの手だった。

＊18リカルド・ロホ博士のこと。彼は自分のことをエルネストの親友だったと言っており、いつも彼の足跡をたどっていた。
＊19大統領を失職する少し前にペロンは、ペロニスタである貧しい国民を意味する「デスカミサード」（ぼろをまとった人）の巨大な記念碑を建てようと決めた。この「デスカミサード」の呼び名は、アルゼンチン共和国下院でのある論争から来ている。ある反ペロン主義の議員がペロン主義の別の議員のことを、カミーサ（シャツ）すら持っていない、という意味合いで「デスカミサード」呼ばわりしたのだ。翌日ペロンは、この発言に対抗して、数千人の人びとを前に公然と上着を脱いで、自分もまた国民と同じくデスカミサードであると言った。閣僚や政府高官たちも同様にした。そのとき以来、かなり長い間、ペロンはレセプションにノージャケットで出席した。

第八章　「ある若いキューバ人指導者に、運動に加わらないかと誘われました……」

エルネストから父親へ、メキシコからの手紙

「一九五六年四月一五日
　父さんへ、
　ずいぶん長い間僕を苦しめた怠け病からようやく立ち直って、再びこの機械を手にとりました。母さんに書いた手紙に、さらに何を書き足せばいいのか分かりません。なにしろ、ほとんど同時に書いているからね。でも父さん個人宛に、息子の愛情やなんかの証としてタイプ打ちの私信を送りたかったんだ。」

◆　◆

エルネストは幼い娘と妻がどうしているかを書いて、こう言っている。

「イルダも元気で、母親として本当によくやってくれていますよ。仕事をしているうえ、おまけにこの僕のことも我慢しなくちゃならないんだから。僕の年齢だったときの父さんよりも、ずっと気難しくて文句が多いときてるし。血は争えないね。
　もうじき僕は、医学の世界で有名人になるでしょうね、学者や教授としてではなくても、少なくとも

大学の高い教壇から聖カルロスの教義を広める人としてね。生理学は不得手だけど、聖カルロスのドクトリンの方は得意だってことに気がついてしまったんですよ。」

◆

ここには、エルネストの政治的な定義付けが書かれている。この段階で、生理学の教授を務めることよりも、共産主義（聖カルロス）の勉強の方が、彼にとってはずっと重要であったということを、あけすけに書いている。

グランマ号の遠征部隊が、メキシコからキューバに向けて出航するほんの数カ月前のことだ。キューバ侵攻という大きな賭けに出る日を間近に控え、エルネストはもはや、手紙の中で緊張を隠しきれなくなってきていた。しかし、家族内ではごまかしておかねばならず、今になってこれらの手紙を読み返してみると、ごまかそうとしているのがはっきりと分かるのだ。もう一度読めば、エルネストが私たちの一人一人に別れを告げているかのようであるのが一目瞭然だ。彼からの手紙はいっそう途切れがちになり、また手短かになっていっていた。何か奇妙な事が起きているのが感じられた。

そして私に対してはこのように別れの言葉を述べている。

◆

「正しく理解してもらえないこの自由の戦士から、みなさんに強い抱擁を、そして父さんには特別に強い抱擁を。父さんにはその権利があるからね。」

◆

一九五六年の七月になった。それまでに届いた手紙には、重要なことは何一つ書いてなかった。後になって、エルネストがとても忙しかったこと、そのせいでほとんど何も書けなかったのだということを、私たちは知った。

ずいぶんぼんやりとしていたもので、エルネストが私たちの目をそらすために持ち出した仕事のことを、相変わらず信じ込んでいたのだ。

この手紙を受け取るのとほとんど同時に、国際電信機がうなり始めた。フィデル・カストロが、キューバ人革命家のグループと、どこやらの外国人とともに身柄を拘束され、その中にエルネスト・ゲバラ・デ・ラ・セルナ博士もいたのだ。この知らせは瞬く間に家族中に広まった。彼と直接連絡を取ることができないので、間接的な経路で連絡を取ることにした。在メキシコのアルゼンチン大使館には、息子のロベルトの妻の叔父である、フェルナンド・レシーカ将軍がいたので、この筋から情報を得ようと試みた。その一方で、私のはとこであり、当時アルゼンチン海軍の退役将校であったラウル・リンチが、キューバでアルゼンチン大使を務めていたので、彼の仲介で多くの情報を得ることができた。キューバとメキシコからは、主要紙の切り抜きが送られてきた。私の友人、ウリセス・プティ・ド・ミュラも手紙責め、電報責め、電話責めにあった。こんな振る舞いはどれも、ただ自分たちの気持ちを落ちつけ、平常心を保つのに役立っただけだった。現実はむごいものだったからだ。エルネストは逮捕され、キューバ共和国に対する武力革命に関わったかどで、起訴されていたのだ。そんな状況から彼を救い出そうにも、私たちにできることは何もなかった。

「七月二六日運動」の指導者であったフィデル・カストロ・ルス博士は、エルネストとともに逮捕され、彼自身が仲間全員の弁護人を務めていた。まもなく彼はおおかたの仲間とともに仮釈放となったが、エルネストともう一人の革命家は、メキシコ市のミゲル・シュルツ刑務所にとり残された。

ウリセス・プティ・ド・ミュラからの知らせで、エルネストと仲間たち数名が、刑務所に入るとすぐハンガー・ストライキを始めることに決めたことを知った。こうした知らせはどれもこれも、私たちを大いに心配させた。キューバ革命に対する彼の決意を知ったばかりで、教授職につけるかもしれないとか研究とかの話はいずれも、私たちやメキシコ情報部や、そして特に米国の目をそらすためのものに過ぎなかったのだということが、ようやく分かり始めたところだった。米国は、キューバ島侵攻の企てをことごとく妨害しようと、ありとあらゆる小細工をしていたのだ。

彼が物見遊山で火山に登っていたのではなく、持久力と俊敏さを身につけるために、また独裁者フルヘンシオ・バティスタの政府を打倒する際に役立てるようになるために必要な体力づくりの一部として行っていたのだということを、私たちもやっと確信したのだった。

こういう訳で、私はエルネストに非常にまじめな調子で手紙を書き、「七月二六日運動」(私がそのときまで知りもしなかった運動だった)の内部で彼がどのような立場にあるのかを、単刀直入に説明してくれと頼んだ。もってまわった言い方は一切せずに話してくれ、と。七月一〇日頃、彼からの手紙を受け取ったが、その全文をここに転記しようと思う。この手紙には言葉を添える必要はない。非常にはっきりとした調子で書かれており、この手紙の中では、生理学の教授という架空の仕事を持ち出して私たちをだましたのだということと、メキシコでの長い滞在の目的が何だったのかを告白し、さらにはキューバ革命運動に対する信念をはっきりと表明している。

かの手紙が、われわれ家族にとって非常な衝撃であったことは、想像に難くないだろう。太陽にさらされて溶けていく雪の城のように、私たちの期待は崩れさってしまった。エルネストは医学を専門として、いつの日か学者になってくれるものと信じて、はぐくんできた期待だった。

今や現実は明らかだった。もういかなる疑問の余地もなかった。彼の勉学と医学のすべて、考古学に関する学識のすべて、政治的・社会的・経済的研究のすべてが、これらよりはるかに危険で厳しい他のものにと

Martes, 3 de Julio de 1956.-

Deportará México a un matrimonio por la conspiración de cubanos

MEXICO, julio 2. (UP). — Un médico argentino de apellido Guevara y su esposa serán deportados de un momento a otro a su país de origen, por su presunta participación en la fracasada conspiración para derrocar al gobierno de Cuba presidido por Fulgencio Batista.

La policía declaró hoy que el médico argentino y su esposa han sido definitvamente identificados como miembros del partido Comunista y como estrechamente unidos a la Confederación de Trabajadores de América Latina, encabezada por el dirigente obrero izquierdista Vicente Lombardo Toledano.

Señaló la policía que la pareja se hallaba ilegalmente en el país, ya que había expirado su permiso de permanencia en el mismo.

1956年７月３日付メキシコ紙

「ゲバラという苗字のアルゼンチン人の医師とその妻は、キューバのバティスタ政権に対する陰謀（それは失敗に終わった）に加担したとして、他国もしくは本国へ送還されよう。ふたりのメキシコ滞在期限は失効しており、不法滞在に当たるという」

ORDENAN

que salgan de México cubanos libertados; Castro sigue preso

MEXICO, julio 11. (UP). —El Ministerio del Interior anunció que sólo quedan detenidas tres personas por la acusación de conspirar contra el gobierno del presidente Batista, de Cuba. Los detenidos son el doctor Castro Ruz (Fidel), el médico argentino Guevara Serna y el cubano García Martínez.

Se dijo que no serán libertados hasta que el juez Lavalle, en audiencia señalada para el próximo día 19, ordene su libertad o los instruya de cargos.

El cubano Santiago Hitzel fué libertado anoche y tanto a él como a otros de los 19 libertados, se les ha invitado a abandonar el territorio mexicano a la "mayor brevedad posible".

1956年７月12日付メキシコ紙

「内務省の発表によれば、キューバのバティスタ政権に対する陰謀の容疑で逮捕された者のうち、なお拘留されているのは、フィデル・カストロ、アルゼンチンの医師ゲバラ・セルナ、キューバ人ガルシア・マルティネスの三人だという。昨夜釈放されたサンティアゴ・ヒッツエルは他に19人いる釈放された者同様、可能な限り速やかにメキシコを去るよう要請されている」

って代られ、彼はそれに信念のすべてをかけているのだ。つまりそれは、ラテンアメリカの開発途上国の民衆を搾取しているヤンキー帝国主義に対する武力闘争であった。

以下にその手紙を転記する。[*1]

◆

「一九五六年七月六日、メキシコ、内務省の刑務所にて

父さん、母さん、

ここ、僕の新しいしゃれたミゲル・シュルツの豪邸で、（父さんからの）手紙を受け取りました。その際訪ねてきたプティが、父さんたちが心配していると伝えてくれました。事態を把握してもらうために、今回の出来事についてお話しします。

だいぶ前、もうかなり前になりますが、キューバ人の若い指導者に、運動に加わらないかと誘われたのです。その運動というのは、祖国を武力で解放しようとするもので、僕はもちろん誘いを受け入れました。いつの日かキューバの大地を踏むことになるはずの若者たちの体力訓練に専念して、ここ数カ月は教授の仕事という嘘をついてきました。（郊外の農園にいて、一カ月近くメキシコ市の家を留守にしていた最中の）六月二一日、フィデルと仲間たちが逮捕され、家の中には僕たちの居場所が書いてあったので、一人残らず手入れにあってしまったのです。ロシア語を勉強している学生としての身分を証明する書類なんか持っていたものだから、やつらが僕のことを、この組織の中で重要な役割を果たしていると考えるのには十分で、父さんと仲がいい通信社が世界中にニュースを流し始めたんです。

これが今までに起こったことの顚末です。今後のことは二つに分けられます。つまり、ちょっとばかり遠い将来のことと、ごく近い将来のことですが。少し先のことを言えば、僕の将来はキューバ革命に

結びついたものになるでしょう。キューバ革命とともに勝利するか、キューバで死ぬかのどちらかです。(これがこの間アルゼンチンに送ったどこか謎めいた感情的な手紙の説明です。)ごく近い将来のことについては、あまりお話しすることはありません。僕自身、どうなるのか分からないからです。判事の裁量次第で、どこかの中立国に避難できない限り、アルゼンチンに送還になる可能性が大いにあります。避難する方が、僕の政治的健全さを保つのに都合がいいとにらんでいるのですが。

いずれにせよ、この刑務所に残っても釈放されても、僕は新しい運命に向かって出発しなければなりません。イルダはペルーに帰ります。すでに新しい政府が立ち、恩赦が出たのです。

理由ははっきりしていると思いますが、僕からの手紙は減るでしょう。しかも、メキシコの警察には手紙を押収するという気の利いた風習があるので、身内のありふれた話題以外は書かないで下さい。どんなに無意味なことでも、どこかのばかに内輪の問題を知られるのは面白くないからね。ベアトリスおばさんにはキスを送ると言って下さい、それからどうして僕が手紙を書かないのかを説明してあげて。それから今のところは新聞を送ってくれなくていいからって伝えて。

近い内に、不当な拘留を受けていることと、仲間のうちの何人かが拷問にあったことに対して、無期限のハンストを宣言するつもりです。仲間全員の士気は、とても高まっています。

今のところは、家の方に手紙を書き続けて下さい。

あり得ないとは思うけど、もし何らかの理由で僕がもう手紙を書けずに、その後僕が死ぬようなこと

＊1この手紙は『わが息子　チェ』(プラネタ社)の一八ページでも公開されたが、読者により多くの情報を提供するためにここでも転記した。

になったら、名文ではないけど心を込めて書いたこの手紙を、お別れの手紙だと思って下さい。この人生で僕は、躓きながらも自分なりの真実を探してきましたが、途中で、僕の存在を永久不滅にする娘をもうけて、この過程を締めくくりました。これでようやく、これからは、自分の死を挫折とは考えなくなるでしょう。《墓場には未完となった歌への悲嘆だけを持っていくとしよう》と言ったヒクメット[*2]のようには。

皆さんにキスを。

エルネスト」

◆

接触を探し求めて

エルネストがメキシコで逮捕されたというニュース――アルゼンチンでは全国の主要紙ですっぱ抜かれたニュースであった――を知ったとき、われわれ家族は当惑した。彼が家族に宛てた手紙は確かに、明快極まりないものではなかったにせよ、私たちとしては、やや無秩序で自分自身に話しかけているようなその書き方が、彼流なのだと思っていた。しかし一度として、ラテンアメリカのどこかの政府を倒す革命にエルネストが首をつっこんでいるなどという確信を持った者はなかった。しかし今、外電で伝えられる事実を目の前にして、どうしても彼の最近の手紙を読み返さずにはいられなかった。医学の道と考古学的散策とインディヘニスモ研究を、エルネストが捨ずにはおれなかった、その動機が一体何だったのかを調べるためだ。彼の決意が単なる狂気でしかないように思えたのだ。私は落胆してしまい、どうして自分の息子が祖国以外の場所で、本物の革命行動に巻き込まれなければならなかったのか、理解できなかった。

しかし正直言って、エルネストが何年も前から住んでいた中米諸国の政治・社会情勢のことを、私たち家族は知らなかったのだ。彼のために何かしてやれるには、まず第一に、第三者を通じて真実を確かめなければならなかった。

事前に電話をした上で、友人のウリセス・プティ・ド・ミュラに手紙を書いた。彼は有名なアルゼンチンの作家で、ペロン政権に反対していたために事実上メキシコに亡命していた。彼が、エルネスト投獄についての詳しい知らせを真っ先に伝えてくれたのだ。一九五六年の六月三〇日に、ウリセス・プティ・ド・ミュラが私に書いてよこした、長い手紙の一部を転記しよう。

◆

「親愛なるエルネストへ

君の息子に面会できるまで、この手紙を書くのを後延ばしにしてきたんだ。移民局の刑務所に行って来たよ。あすこに、失敗した反バティスタ行動のキューバ人仲間と一緒に、君の息子もいたよ。結局、(どんな軍人も同じだが) バティスタのやつは大変な資源を握ってるんだ。軍国主義の独裁者の特権で、公庫を個人的な目的のために使えるからね。それこそが米州のすべての国の、とりわけわれわれの怒れる米州のお粗末な悲劇であり、例外はメキシコとウルグアイだけだ。ばかでかいおできみたいな陸軍と海軍のせいで、平穏に暮らす事なんて出来やしないんだ。バティスタがここで汚職という黄金のカギを使ったので、大騒動になったんだよ。けれどもメキシコは、反乱を企てたキューバ人を本国に引き渡したりはしないだ

＊2ナジム・ヒクメットはトルコの詩人（一九〇二～六三年）。民族解放闘争のなかでの革命詩の旗手と見做された。原爆投下や核実験による死の灰をテーマにした「死んだ少女」「雲が人間を殺さないように」「日本の漁夫」の三部作もある。【訳註】

ろう。これはかなり確実だ。エルネストに関しては、一番やっかいなのは、彼のメキシコでの書類がちゃんとしていなかったことだよ。旅行者としての書類を持っていたんだけど、ずいぶん前に切れてしまっていた。だから、一番厳しい刑罰が下ったとしても、国外退去ぐらいで済むのはほぼ確実だよ（……中略）。

エルネスト自身のことを話しておこうか。ごく健康で、奥さんとお嬢ちゃんもほんとに感じがよく、奥さんはそれはそれは頼もしい方だ。エルネストは大笑いしながら私を迎え、本もたくさん読んでいるし、刑務所の中庭で十二分に太陽を浴びている。自分のために何も特別なことはしないで欲しいと考えている。（彼の理想に同意できるかどうかは別として）彼の振るまいはそれは立派なものだよ。キューバ人たちがどうなるのかはっきりするまでは、自分のために何もしてくれるな、と拒絶しているんだ。これについては、ご想像通り、私は取り合わなかったけどね。

アルゼンチン大使館の人びとに彼のことをあれこれたずねているんだ。そうすることが、結局、警察の職権乱用を未然に食い止めることになるんだよ（……中略）。

バティスタは、チンピラと大差ない下級警官たちにたっぷりと金をやったんだ。だからあいつらは度を越した行動に出たんだ。しかもバティスタは、青年たちをロシアと結びつけることによって、米国の影響を利用したんだ。結局は嘘っぱちだったんだが。そういう報告書はもうブエノスアイレス警察の手に渡っているはずだし、だからエルネスティートはこのあたりのどこでも好きな国に残って、もっと過ごしやすくなるはずだと思うよ。でも君も、セリアも、他の家族の皆さんも、すっかり安心していてもらって大丈夫ですよ。つまるところエルネストはいい扱いを受けているんだし、これからはもっといい待遇になるだろうから（……中略）。

君に強い抱擁を。繰り返すけど、エルネストのことは何も心配いらないからね。

プティ」

旧友の手紙のおかげでだいぶ落ち着いた私は、在キューバ・アルゼンチン大使であり、またわが家の親友である退役海軍将校、ラウル・リンチ（私のはとこ）と電話で話した。予想通り、ラウルの政治的立場はチェのそれとは似ても似つかないものだったが、私の頼みを聞き入れてくれ、ブエノスアイレスにキューバの新聞を山ほど送ってくれた。（それらの新聞は、キューバで横行していた政治的・社会的腐敗を見事に示していた。）そのような定期的な文献は、どれも体制にへつらったもので、ミゲル・シュルツ刑務所に捕らわれているエルネストが本当はどういう状況なのかを知る手だてとはならなかった。このアルゼンチン大使からの情報は、実質的に何の役にも立たなかった。彼は、ブエノスアイレスで、エルネストをそのような「戦争ごっこ」から遠ざける「権利」を押しつけるべきだと、私に個人的にアドバイスした。

一方で、アラオス通りの私の家には、国中・世界中から手紙がたくさん舞い込んでいた。私の旧い知り合い、エルネストの友達、親戚、チェの同窓生、そして私たちと同じ政治的意見を持った人びとが、私たちのチェについて新聞に書かれていることをもう少し詳しく知りたいと興味を示していた。

◆

エルネストから母親へ、メキシコからの手紙

エルネストがメキシコの刑務所から書いた重要な手紙を受け取ってから数日後に、セリアは、やはり刑務所から書かれた別の手紙を受け取った。おそらくは妻が、ハンガー・ストライキに関するエルネストの態度は間違っているということに気づかせようと、説教じみた痛烈な叱咤の手紙を送ったに違いない。彼はこう

答えている。

◆

「一九五六年七月一五日、メキシコにて

僕はキリストでも博愛主義者でもないんだよ、母さん。キリストとは正反対だし、博愛主義なんか僕から見れば……（ここの文字は解読不可能である——編者）、信じていることのためなら、十字架やら何やらに磔《はりつけ》になる代わりに、手近な武器は何だって使って闘うし、相手をやっつけてやろうとするよ。ハンストのことについては、母さんは完全に間違っている。二回やってみたんだけど、一回目の時は逮捕された二四人のうち二一人が釈放されたし、二回目は、運動の指導者であるフィデル・カストロの釈放が布告されて、明日がその日なんだ。布告通りになれば、刑務所に残っているのは僕ら二人だけになる。イルダがそれとなく言ってるみたいに、残っている僕たち二人は生け贄だなんて、母さんには思って欲しくないよ。ただ単に、いい条件の書類がなかったというだけのことで、仲間たちが使ったような方策を生かし切れなかったんだ。悪い評判が米州大陸中に広まってしまったおかげで難しくなったけど、僕を保護してくれる一番近い国に出ていって、そこで、役に立てるときに備えて待機するというのが僕の計画なんだ。もう一度言っておくけど、ちょっとばかり長い間手紙は書けなくなる可能性が大きいよ。

母さんがこういうことを全然何も理解してくれてないことや、節度だとか利己心だとか、人間の性質の中でも最も憎むべきものについて、いろいろ忠告してくるのには、本当に愕然とするよ。僕には節度なんかないし、絶対にそんなもの持たないように心がけるつもりだよ。そしてもし僕の中で、臆病に捧げられたろうそくの火に神聖な炎がとって変わられたのを自覚したりすることがあったら、僕にできるのはせいぜい自分の糞の上に吐くことぐらいだね。母さんは慎みのある利己心を持ちなさいなんて言うけどね、XXさん[*3]の美徳だかなんだか知らないけど、そんなものは結局は低俗で臆病な個人主義なんだよ。言っとくけど、僕はそんなものは、打ち消すようにたいへんな努力をしたんだ。その何とかいうしみったれのことじゃなくって、周りのことなんて気にも留めない、勘違いかどうか分からないけど僕自身の不屈の精神を自覚することでうぬぼれていた、もう一人のさすらい人のことをね。刑務所の中で過ごしたこの何日間かと、それ以前の訓練の日々には、理想を同じくする仲間たちと僕とは、完全に一心同体となっていた。以前はばかげて見えたというか、少なくとも奇妙に感じられたある言葉を思い出すよ。それは、一つの先頭部隊のメンバー全員が、あまりにも完全に一体となっているということを言っているものだった。つまり、《私》という概念が完全に消滅して、《われわれ》という概念にすり変わったというのだ。あれは共産主義精神だったんだ。もちろん、教義上の誇張とも受け取れるだろうけど、実際そんなふうに、《われわれ》というふうに感じることができるのは素晴らしかったし、今だって素晴らしいと思えるよ。」

◆

最も深刻な事柄の中にすら、いつも楽しい一面を見つけようと心がけていた彼は、手紙の中でこんな風に言っている。

◆

「(シミは血の涙じゃなくって、トマトジュースだよ)」[*4]

*3私たちの友人であった人物。
*4便せんを汚していた二つの赤いシミのことを言っている。

「母さんの大きな間違いは、《節度》あるいは《節度ある利己心》から、大発明や芸術的傑作が生まれるなんて思ってるところなんだ。どんな大作にも情熱が必要だし、革命にだって情熱と大胆さがたっぷり要るんだ。それは人類全体として僕たちがもっているものだよ。母さんのことでもう一つ変だと思うのは、父なる神様のことを繰り返し引用することだ。母さんが若き日の囲い場に戻っていってしまわないことを祈るよ。それから予告しておくけど、母さんたちがあげたSOSは何の役にも立たないよ。[*5] ペティットは怖じ気付いてしまったし、レシーカは危ない真似はしないし、(僕の命令に逆らった) イルダには、被収容者となった政治家の義務についてお小言をたれてくれたよ。ラウル・リンチは、遠くの方から立派にやってくれたよ。パディージャ・ネルボは、管轄外だとさ。みんな助けてくれようとはしたけど、僕の理想をきっぱりと捨てる、というのが条件だったんだ。母さんだって、悪人として生き延びている息子より、自らの務めであると信じることを成し遂げて死んだ息子の方がいいんじゃないかな。手助けの交渉なんか、彼らと僕とを困らせることにしかならないんだよ。」

◆

それより後には、特にこんなことを母親に言っている。

◆

「しかも、キューバで悪を正したあとは、間違いなくどこかしら他の場所に行くよ。官僚的なオフィスの中やアレルギー病棟なんかに閉じこもっていたら、気が滅入ってしょうがなくなるのは分かり切ってるんだ。分かってはいるけど、だんだん年をとってきて、息子に生きていて欲しいと願う母親の苦しみにも耳を傾けるべきだし、考えに入れる義務のあることだし、しかも僕自身考えに入れたいと思ってる。

そして、母さんを慰めるためだけじゃなく、口には出せないけどときどき感じている、僕自身の郷愁を慰めるためにも、母さんに会いたいんだよ。
母さんにキスを送ります、何も新しいことが起きなければ、生きていると約束するよ。息子より。
エル・チェ」

◆

刑務所は、結果としてエルネストの考えをはっきりさせることになったのだと、私は確信している。このきわめて重要な手紙の中で、はっきりと自分自身を定義づけているのだ――聖なる炎を持った革命家であると。

この手紙の中では、自分がある時期には無頓着で自惚れたさすらい人であったと認めて、厳しい自己批判もしている。

これでこそ、思想がここまで成熟した人びとがいたからこそ、(フィデル・カストロ博士によるキューバ侵攻と、アレグリーア・デル・ピオでの敗北の結果として残った)一二人の人間が、七丁の銃を手に、米国に支えられた独裁者バティスタの政府を覆すことができたのだ。そしてこのように、全員がただ一つの目標を追求して、強く結束した一個の人間となっていたからこそ、当初はただの狂気と思われたあれほどの聖戦が、成功を納め得たのである。

◆

エルネストから伯母のベアトリスへ、メキシコからの手紙

＊5 彼の投獄を阻むために助けてくれようとした人びとのことを言っている。

「一九五六年九月
ティリチ、
大急ぎで手紙を書いています。僕みたいな要人になると、どうしても避けられない特殊事情があるものだから、あまり続けて手紙を書けませんでした。メキシコで政治亡命の申請への回答があるまでの間、バカンスを楽しんでいます。」

◆

当時エルネストは、メキシコで地下生活を送っていた。おそらく決まった住居を持たず、隠れていたに違いない。それにもかかわらず、いつもの冗談は健在だ。

◆

「新聞を送ってくれるのはすごく嬉しいよ。もう一度おばさんに頼まなかったのは、送るのがいやかもしれないと思ったからなんだ。おばさんが送ってくれるのは反動主義の操り人形のラ・ナシオン紙だけど、それでも僕にとってはこの上なく興味深いよ。

政治の話はしないよ、食傷気味だから。」

◆

ベアトリスを安心させようと、ごまかし続けていた。その頃は、叔母が新聞を送ったところで、ほとんど役に立たなかっただろうに。

◆

「手紙を書くときは、家族のみんなのことを教えてね。マリア・ルイサの具合すら書いてくれなかったね。今はタイプライターがないから彼女には手紙を書かないよ。僕の汚い字を解読するのは、彼女にしてみれば、楽しいどころかうんざりだろうからね。」

◆

非常に困難な時期を過ごしていたにもかかわらず、ベアトリスにはもう一人の叔母であるマリア・ルイサの具合を尋ねるのを忘れなかった。マリア・ルイサは重病に伏しており、半身不随となっていた。エルネストはマリア・ルイサのことをたいへん慕っていたので、どの手紙でも彼女の具合を尋ねていた。それから、相変わらずの冗談まじりで、ベアトリスにこんな風に別れを告げている。

◆

「おばさん。一番かわいくて賢い甥っ子から、エルシリアス母娘には小さな抱擁を、そしておばさんには大きな抱擁を。」

◆

署名はない。

第九章　「非合法活動の空気」

エルネストから母親へ、メキシコからの手紙

◆

この手紙は一九五六年一一月の初頭に書かれた。

◆

「メキシコ、一五《ママ》

母さん、

いまだにメキシコから、母さんが以前に書いてくれた手紙に返事を書いています。僕の生活に関しては、新しいことはほとんど話すことがありません。今のところは、ちょっと運動をしたり、母さんももう想像がつくだろうと思う内容の本をたくさん読んだり、週末はときどきイルダに会ったりもしてる。

僕の件に法的な決着をつけてもらうのを辞退したので、メキシコ滞在は一時的なものになると思います。いずれにしても、イルダは娘と一緒に年末を家族と過ごしに行くから。あっちには一カ月いて、それから今後どうするか考えるだろうよ。僕の長期的なねらいは、ヨーロッパに行ってみて、できればあっちに住むことなんだけど、住むのが実現するのはますます難しくなってます。僕みたいな病気にかかると、どんどん悪化していって、死ぬまで解放されないみたいですね。

一〇年は放浪の生活を送り、その後何年かは医学の研究をして、もし時間が余れば、物理学の探検に首を突っ込もうかという計画だったんですけどね。

それもみんな過去の話です。一つだけ確かなのは、一〇年の放浪はどうやらもっと長くなりそうだってことなんだけど（不測の事態がおきて放浪癖がすっかりなくなってしまうのでもない限りね）、ただし夢見ていたようなのとは全然違う種類の放浪になるだろうね。新しい国に行っても、もうそれはその土地を歩き回ったり、博物館や遺跡を見たりするためじゃなくて、それにとどまらず（だって今書いたようなことはいつでも興味あるからね）、人民の闘いに身を投じていくためなんです。」

◆

エルネストは、次の針路がどんなものなのかを手紙の中で少しずつ明かしていった。一〇年間の放浪生活のことを相変わらず夢見ているが、不測の事態が起きれば放浪癖がすっかりなくなってしまうかもしれない、と警告している。一九五六年のこの頃には、メキシコを出航しキューバに上陸する日が間近に迫っているのが、彼にはよく分かっていたのだ。

この手紙では、もうその土地を歩き回ったり、博物館や遺跡を見たりするのではなく、人民の闘いに身を投じるだろうと、おおっぴらに語っている。自分の思想に従って闘うというエルネストの決意は、疑う余地がなかった。

私たちはキューバの政治的・社会的状況をあまりよく知らなかったし、フィデル・カストロや「七月二六日運動」の政治思想も完全には知らなかった。しかしそれが、単に独裁政権打倒をめざすだけの革命ではなく、その国にマルクス主義的傾向を持った政府を樹立するための革命なのだということは、あまりに明白だった。

エルネストは手紙の中でこう述べる。

「アルゼンチンからの一番新しいニュースを読みました。新しい三政党に法人格を与えるのを拒否し、共産党の法人格は取り上げたそうですね。期待通りって訳じゃないけど、このやり方は、ちょっと前から今までアルゼンチンで起きていること全体から見れば、それほど象徴的と言うほどでもないですね。やつらの行動はどれもこれも、ある身分階層、ある社会階級を優遇するという、あまりにもはっきりした傾向を持っているし、これは間違いでも勘違いでもない。その階級というのは、いつものごとく、外国の侵略者と手を結んだクリオーリョの大地主たちなんです。」

◆

きっと母親が、働きたいと思っていると手紙に書いたのだろう。エルネストは、ヨーロッパへ行って自分に会うための金をつくることだけが理由なら、働いたりしない方がいい、と助言している。代償はすごく大きそうなのに、支払いはあまり確かではないように思える、と書いてから、こう付け足している。

◆

「こんなちょっときついことを言うのは、母さんが好きだからこそ、厳しい物言いをしてるんですよ。さあ、メキシコの大地からの最後の抱擁のひとつを母さんに送るよ。それからいろいろ説教じみたことを言ってきたけど、最後にもう一つ。マセオ兄弟の母親は[*1]、キューバに捧げるためにもっと息子をつくらなかったことを嘆いたんだよ。母さんにそこまでは求めないけど、ただ、僕自身のあり方や、僕に会うということの代価が、母さんの信念に反したり、いつか後悔することになるようなものではないことを祈るよ。

チャオ。」

◆

エルネストから母親へ、メキシコからの手紙

エルネストからの手紙は、発信地も日付も記さないまま始まっていることが多かった。思い出したときには日付を書き足しておくようにしていたが、分類に必要なそういう情報のない手紙も多い。この手紙も、そんな、日付なしのまま残ってしまったうちの一通であり、内容から見ただいたいの受取日に従って、位置づけてみたものだ。（おそらく、一九五六年の八月か九月頃のものだろう。）

◆

「母さん、
メキシコのどこかから手紙を書いています。ここで僕は、ことのけりが付くのを待ってるんです。自由の空気というのは、実際のところ、非合法活動の空気ですが、そんなことはいっこう構いません。すごく面白いミステリー映画みたいな趣があります。
体の調子はいいし、ますます強気になっています。解放者たちに対する母さんの評価は、僕が見た感じでは、知らず知らずのうちに少しずつ信頼を失っていっているね。」

◆

＊1キューバ独立の大立者の一人であったキューバの将軍、アントニオ・マセオ（一八四五—九六）の母親は、キューバに戦士として捧げるための息子をもっと持たなかったことを嘆いていた、と言われている。息子たちの何人かは、敵の銃弾に倒れた。

母親は、もう前ほど「解放革命」を信用できなくなってきたと書いたのに違いない。実際にはセリアは、とっくの昔に信頼を失っていたのだが。エルネストとセリアがやりとりしていた手紙は、非常に興味深いものだ。それはとりわけ、お互いが本当のことを包み隠さずにはっきりと言い合っているからだ。いくつかの手紙の中では、セリアはおそらく、自分の理想に命を賭けるためにエルネストが「どこか遠いところ」へ行こうとするのを、思いとどまらせようとしていたのだろう。彼女は革命家的である前に母親であった。セリアは、どこでどのようにして侵攻が実行されるのかは知らなかったが、直感が働き、もちろん非常に心配していた。二人がやりとりした手紙を読むと、エルネストが次の行動に関してどのようなねらいをもっているのかを情報部の目から隠す必要性からくる曖昧さが、見て取れる。

◆

「石油もアルゼンチンのものではなくなるでしょう。ペロンが引き渡すのではないかとあれほどまで懸念されていた基地は、こいつらが引き渡してしまったんです。または少なくとも、同レベルの譲歩をするでしょうね。表現の自由なんてすでに神話だし、ただ単に神話がすり変わっただけだよ。新聞がこき下ろす対象が、以前はペロニスタの神話だったのが、今は解放者の神話になっただけの話だよ。（このように書いてあるように思われる——編者）。総選挙前に共産党を非合法化してしまうだろうし、あらゆる手を尽くしてフロンディシを中道化しようとするでしょうね。それがアルゼンチン共和国に望むことのできる最善のことなんだから。つまりね、母さん、ここから見た展望は、気の毒なアルゼンチン労働運動にとって、つまり人口の大部分にとって、痛ましいものです。」

◆

上の文章は、どれかの手紙の中で母親が言った何かに対して、エルネストが答えるかたちで書かれたもののようだ。そして、ここぞとばかりに「解放革命」をやりこめている。一九五六年は、「解放革命」が政治的にも、社会的にも、経済的にも失敗した年であり、(左派の急進派であった) アルトゥロ・フロンディシ博士が救世主として浮上してきた年であるということを、記しておくのがよかろう。彼は後に大統領となった。

◆

「さてと、手紙を書く時間はほとんどないから、こんな話題にその時間を費やしたくないですね。とは言っても、実際のところ、僕自身の生活のことではほとんど何もお話しすることはないんですが。運動したり本を読んだりして過ごしているだけですから。これが終わったら、僕の経済力は強まってると思います。脈の取り方も、聴診のし方も忘れてしまったけどね(聴診は一度もうまくやれたことがないんだけど)。僕の道は、徐々にだけど確実に、病院での医療から外れていってるみたいだけど、絶対に、病院が懐かしくなくなるほどまで遠ざかりはしません。母さんたちに話していた、例の生理学の教授の仕事は嘘だったけど、まんざら嘘ばっかりでもなかったんですよ。僕にまるで引き受ける気がなかったという意味では嘘なんだけど、そういう申し出は実際にあったし、僕にその仕事をくれる可能性も高かったんです。つまり召喚状も何もかもそろってて。どっちみち、今となっては確かに過去の話です。それに代わって聖カルロスが掘り出し物を得たというわけです。

今後のことについては、何も話せません。頻繁に手紙を書いてね、それから家族のことを書いて下さい、ここではそれがすごく気晴らしになるんだから。

母さん、潜伏中の息子から、大きなキスを。」

◆

非常にはっきりしていた。エルネストはマルクス主義に心を奪われていると断言した。そしてメキシコに潜伏しているのは、キューバ入りするための訓練を続けているからなのだ。
出発の日は間近に迫っていた。

◆

ティタ・インファンテ宛の手紙

「一九五六年一〇月頃
ティタ、
あんまりにも長い間お便りしなかったので、いつもやりとりしていたときのあの安心感はなくなってしまいましたね。(あなたには僕の字がほとんど読めないでしょうから、少しずつ説明していきますね。)
まず、僕のおちびちゃんはもう九カ月になりますが、すごくかわいくて元気いっぱいです。
それから、一番大事なこと。だいぶ前に、何人かのキューバの青年たちに、彼らは革命家なのですが、僕の医学の《知識》で運動を支援してくれないかと誘われたので、引き受けました。なぜって、今さら言うまでもないことだと思うけど、これこそ僕のやりたかった仕事なんです。体力づくりを指導したり、同志に予防接種をするために山あいの某農場へ行きましたが、運悪く、警察の一斉手入れがあって、僕の書類がちゃんとそろってなかったものだから、二カ月も食らってしまいました。とるに足りない他のものと一緒に、タイプライターまで取り上げられてしまったので、こんな手書きの手紙を書く羽目になったわけです。その後、メキシコ内務省は、嘘はつきませんといった僕の言葉を信じるなんていう重大ミスを犯して、一〇日以内に国外退去するという条件で僕を釈放してしまいました。これが三カ月前の話で、隠れていて見通しも立たないままだけど、僕はいまだにメキシコにいます。ただ、革命がどうなるのかを見届けたいだけなんです。もしうまくいけばキューバに行くし、うまくいかなければ、どこか腰を落ちつける国を探します。今年は僕の人生の転機になるかもしれないよ。もっとも、転機なら今までにもさんざん迎えたから、それほど驚きも感動もないんだけど。

もちろん、学術研究のほうは全部挫折して、いまの僕はカルリートス［カール・マルクス］やフェデリキート［フリードリヒ・エンゲルス］なんかの熱心な読者であるだけです。言い忘れましたが、逮捕されるとき、条件反射の問題のために語学を学んでいた墨露交流研究所の受講カードの他に、何冊かロシア語の本を持っているのが見つかってしまったんです。

たぶん興味があるだろうから言うけど、僕の結婚生活はほとんど完全に崩壊していて、来月には全部終わります。妻は、八年前から離れればなれになっている家族に会いにペルーに行ってしまうからです。こんな別れ方には多少なりとも苦い後味が残ります。だって彼女は忠実な同志だったし、僕の強制休暇の間じゅう、非の打ちどころのない革命家として振る舞っていたから。でも僕たちの間の精神的な不和はとても大きくて、僕の方は、パブリート［パブロ・ネルーダ］が言ったように、《君の腕の十字架と君の魂の大地》を手にするやいなや旅愁をかき立てられてしまうという、統制のきかない精神の持ち主なんですから。

ではこの辺で。次の手紙にはもっといろいろ知らせを書くから、少なくとも定住所ぐらいは知らせるから、それまでは僕に手紙を書かないで下さい。

いつもどおり、あなたの友達からの心を込めた抱擁をお受け取りください。

エルネスト」

第一〇章 「残っているのは最後の部分だけです……」

エルネストから母親へ、メキシコからの手紙

「一九五六年一〇月頃

母さん、

このろくでなしの息子は、おまけに悪い母親を持ったこの息子は、ほとんど抜け殻のようです。ポール・ムニ[*1]が悲痛な声でせりふを言い、深まっていく暗闇とあつらえ向きの音楽の中を遠ざかっていったときのようです。僕の今の仕事は今日はこっち、明日はあっちという具合で落ちつきがなく、そのせいで親戚の……さんたち[*2]にも会いに行きませんでした（しかも、実を言うと、僕はブルジョワ夫婦よりもイルカに近い嗜好を持ってるような気がするんだ。僕だったら地球上から抹消してやりたいような、栄えある機関にご勤務の、立派な職員であるブルジョア夫婦よりはね。これがあの人たちへの直接的な嫌悪感だとは思って欲しくないな、むしろ信用できないんだよ。レシーカ[*3]はもう、僕とは全然別の言葉をしゃべっていて、二人の間には接点がないということを証明したよ）。カッコ付きでこんなに長ったらしい説明をしたのは、書いた後で、僕がブルジョワ狩りでもやってるかのように母さんが思うかもしれないと思ったからなんです。でももう一回始めから書き直してあの段落を削除するのは面倒だったので、僕自身あんまり説得力があるとは思えない長々とした説明をやり始めてしまったんです。話題を変えま

しょう。イルダは一カ月以内に、家族に会いにペルーに帰ります。彼女はもう政治犯ではなくて、立派な反共産主義政党、アプラ党の、ちょっとだけ道を誤った代表者なんだから。僕は、自分の研究の順番を変えようとしてるところです。前は、どうにかこうにか医学に専念していて、空き時間を使って邪道なやりかたで聖カルロスを勉強していました。僕の新しいライフステージでは、その順序も変えなくてはなりません。今は聖カルロスが一番重要なもので、軸となる存在であり、僕がこの地球上に生きている限りそうあり続けるでしょう。医学は、そこそこ面白いけどとるに足りない遊びだね、ただごく小さなあるものだけは別格で、それにはもっと本格的な研究を充てようと思っています。その重みで図書館の地下室を揺るがすようなものだよ。覚えてると思うけど、まあ覚えてないとしたら今思い出させてあげるけど、僕は医者の役割とか何とかに関するある本を編集しようとしていましたよね。この本は、『肉体と精神』[*4]みたいな、ブックレット程度の二、三の章を書き上げただけで、ただもうひどい出来で、このテーマの核に関する全くの無知さ加減が書けば書くほど露呈していったのです。僕は勉強することに決めました。しかも、冒険を基本とする僕の経歴とは相容れない、一連の結論に到達しなければならなかったのです。まずは一番重要な義務を遂行し、腕に盾を抱き、なにもかも全くの思いつきで、物事の秩序に逆らっていこうと決めました。本はその後にでも書くさ、もし風車で気が狂ったりしてなけれ

＊1ポール・ムニ主演の映画、「逃亡者」のことを言っている。
＊2私たちの国を搾取し続けている米国企業で働いていた、ある親戚のことを言っている。これらの会社は、米国の植民地と化した国でお決まりの振る舞いをしている統治者一家と手を結んでいた。
＊3メキシコのアルゼンチン大使館にいた、親戚で政治家の男性。
＊4バン・デル・メルシュ・マセンスの書名。

ばね。

セリア母さんには、賞賛の手紙を書かなきゃならないんだけど、これを書き終わってまだ時間があったら書くよ。他のみんなは僕に対して借りがあるんだよ、最後に書いたのは僕の方なんだから。ベアトリスおばさんですら、そうなんだからね。おばさんには、新聞は実にきちんと届いていて、政府がやっている素晴らしい行ない全部の展望がすっかりつかめるよ、と言ってやってください。イルダも直系の先祖の手本にならっているから、僕も、直系の先祖のお手本にならって、注意深く切り抜きをしました。[*5] みんなにそれぞれふさわしいおまけをつけてキスを送ります。それから例のグアテマラ人[*6]については、否定的であれ肯定的であれ、説得力のある返事をしましょう。

この男に関しては、今や残っているのは話の最後の部分だけです。そしてその題名は、《で、これからどうする?》。大変なのはこれからだよ、母さん。今までそういうことを避けたことがないし、いつもそういうのが好きなんです。空は曇っていないし、星座もちゃんとそこにあるし、それほど無茶な洪水もハリケーンもこなかった。幸先はいいよ。勝利の兆しが見える。でも神様たちですらしまいには間違うこともあるからね、もしもその前兆が間違いだったら、母さんの知らない詩人みたいにこう言うことだってできる。《墓場には未完となった歌への悲嘆だけを持っていくとしよう》。《死を前にした》もの悲しさは避けたいから、この手紙は本当にいよいよというときになってから出すことにしましょう。そのときには、母さんの息子が、米州の太陽の国で、負傷者を救うために外科のことを少しでも勉強しておかなかったことで自分を責め、またすでになかなかのものであった射撃の腕前を、もっとすばやく敵を倒せるように磨かせてくれなかったメキシコ政府のことを恨んでいると、分かることでしょう。そして闘いは逃げ道のないものとなり、国歌で唱われているように、勝利するか、さもなくば死ぬまで、続けられるでしょう。
もう一度母さんにキスを送ります。最後のお別れになるのを拒んでいる、今回のお別れにありったけの愛情を込めて。

息子より。」

◆

この手紙を受け取ったときのわれわれ家族全員の気持ちは、想像に難くないだろう。フィデル・カストロや他の中心メンバーとともに、彼がキューバ上陸時に殺されたという知らせを受けて、激しい衝撃に打ちのめされた数日後に、この手紙が届いたのだ。

家族全員の前で、セリアがこの手紙を厳かでしっかりとした声で読んだのを覚えている。私には、なぜエルネストがそんな真似をするのか理解できなかった。私にしてみれば外国での不確かな冒険でしかないことに関わり合いになるために、それまでの研究や知識をすべて船べりから捨ててしまい、学者になるためにとってきた針路を変更してしまったなどと、まだ信じたくなかったのだ。

この手紙は、しばらくは私たちを困惑させたが、ゆっくりと読み深めていくと、私たちの疑念はすっかり晴れていった。

エルネストが自分の人生において行った変更は、単なる気まぐれではなかった。彼はこう言っている。

「僕の新しいライフステージでは、その順序も変えなくてはなりません。今は聖カルロスが一番重要なもの

＊5 私は新聞記事を集めていて、妻はいちいち、掃除をしてそれを捨てていたのだ。
＊6 エルネストの紹介でアルゼンチンに亡命してきたうちの一人。

で、軸となる存在であり、僕がこの地球上に生きている限りそうあり続けるでしょう」。[*7]

マルクス主義を学ぶことで、まず最初は物事の秩序に逆らっていかねばならないのだと確信するようになっていた。ある国の社会構造を根底からくつがえすような完全な解放が実現しない限りは、他のこと（本を書くなど）は大して重要性のない一時しのぎにしかならないと、すっかり信じ込んでいたのがはっきり分かる。

私はこの手紙の全文を紹介した。省略するなどということは、冒瀆に当たるからだ。

今となっては、私たちにも、エルネストのとった道がどういうものなのかがよく分かっていたし、ボリビアに向けて列車が発進したときに彼が上げた叫びの意味を、完全にはっきりと理解していた。

「米州の兵士、行って参ります！」

事実あのとき、運命がフィデル・カストロの闘いの同志の一人たれと願った米州の兵士が、出発していったのだ。

フィデル・カストロ

フィデル・カストロ・ルス博士が、バティスタ独裁政権打倒を目的としたキューバ島侵攻のために準備をしていた遠征部隊に、エルネストが身を投じたという知らせを受け取ったとき、私たちは心底がっかりした。家族の誰も、彼の決意には賛成できなかった。皆、エルネストの学問的能力がどれほどのものであるかよく分かっていた。そういう能力はあまりにも多くの機会に証明されていたからだ。だが今、彼はある遠征部隊に身を投じていて、私たちは詳しいことも知らないし、正確な目的が何なのかも分からなかった。フィデル・カストロの軍隊と一緒にエルネストがキューバに向けて出発してしばらくしてから、フィデル・カストロとは一体誰なのか、そして、私たちにとっては気違いじみた冒険としか映らなかった、あの遠征部隊の目的が何なのかということが、私たち家族に分かったのだ。

私たちは、フィデル・カストロが歩んできた革命の道程のことを、ほとんど知らなかった。モンカダ兵営の襲撃のことと、その後彼がピノス諸島[*8]に流刑となったということは少しは知っていたが、その後は、どんなことがあったのか振り返っていろいろ調べた結果だんだんとはっきりしてきたのであり、そうしてはじめて、このキューバ人指導者の人物像が私たちにとって明瞭になってきたのだった。彼が書いたものや、演説や声明を通して、彼が、革命を起こすのに必要な才覚と怒りと覚悟の備わった人物だということが分かってきた。そして逮捕された後で、彼自身が「歴史が私に無罪を宣告するであろう」と述べたあの抗弁を読んだときには、フィデルという人物が何者であるのかが完全につかめ、エルネストは冒険家に盲従しているのではない、ということがその時はっきりと分かったのだった。フィデルはその行動によって名声を刻みつけ、自分を裁いている法廷における抗弁によってその名声を不動のものとしたのだった。

＊7これが、ＣＩＡに買収された三文文士の言うことすべてに対する反駁だ。彼らは、チェを冒険家にすり替えてしまい、その人物像をぼかそうとしてきたが、歴史に永遠に残ることになる本当の人物像は、真の革命家としての人物像である。
＊8キューバ本島の南西海上に浮かぶ島々。バティスタ独裁政権時代の反対制政治犯はこの島の監獄に幽閉された。

アルフォンソ・バウエル・パイス博士に対するグランマ紙のインタビュー、「メキシコでの彼とチェとの関係について」

メキシコ市でチェは、グアテマラからやってきたアルフォンソ・バウエル博士と再会した。博士はグアテマラで、数カ月間刑務所に拘禁されていた。メキシコ市で二人の友情は続いた。そして、エルネストがミゲル・シュルツ刑務所から出た後、身を隠さなければならなかったときには、一定の期間、バウエルとその家族の家で数日を過ごした。

バウエル博士は「グランマ」紙とのインタビュー[*8]において、次のように語っている。

「チャプルテペック公園で彼に出くわしました。一九五四年の六月に私の祖国で起きた事件の後、二人とも亡命中でした。エルネストはカメラを構えて、私の同郷人である《パトホ》ことフリオ・カセレスと一緒でした。《そんな観光客みたいなカメラをもって、どうしたんだい》と私が尋ねると、《観光用じゃないよ、これで日銭を稼いでるんだ》という返事が返ってきました。

そこで会ったのは、私のまるで知らないエルネストでした。長女のイルディータが生まれたおかげで、幸せで満足げな父親になっていました。しかし、温かで奥深いそんな喜びを味わっていられたのは、ほんの短い期間だけでした。すでに革命指導者であるフィデル・カストロに出会っており、二人の間には深い友情が生まれましたが、その根底には、お互いに対する信頼と理想の純粋さ、そしてその理想を現実のものにしようとする不屈の意志があったのです。

エルネストはグアテマラで、モンカダ兵営の襲撃の戦闘員数人と知り合いになりました。ニコ・ロペス、マリオ・ダルマウ、ダリオ・ロペスです。メキシコではラウル［・カストロ］と親友になり、その後でフィデルと歴史的な会見をしたのです。一九五五年の七月か八月のある日のことでした。彼は一晩で、グランマ号の将来の遠征部隊の一員となったのです。

ある夜のこと、われわれグアテマラ愛国同盟（U・P・G）のメンバーが、私のアパートの居間で会合を開いていると、誰かが建物の正面玄関の呼び鈴を鳴らしました。（一階にあった）私たちの会合場所から見ると、先ほどの扉のすりガラスに、外交官の間で大流行していたようなタイプの、縁の反り返った帽子をかぶった、太った男の影が映っていました。私たちはそれが、アルベンス政権の前外相、ギジェルモ・トリエジョ[*9]だと思ったのです。来客の応対に出てくれるよう妻に頼んで、その間私たちは扉を閉じたまま会合を続けていました。

しばらくすると、エルネストが私の妻を介して、薬の箱をとってきてくれと言いました。箱は、何日か前に受け取ってから中庭に近い隅の方においてありました。四人がかりでようやく動かせるぐらいのものでした。

どう考えても、この薬とやらは《聖なる治療》に使われるものだと思いました。

その後、二人きりになってから妻が私に言ったのですが、ドアを開けに出ていくと、そこにいたのは想像していたトリエジョではなく知らない男で、カリブ訛りのアクセントで開口一番、《エルネストはいま

＊8アルド・イシドロン・デル・バジェによる、一九七七年一〇月二九日のキューバ「グランマ」紙のインタビュー。
＊9ギジェルモ・トリエジョ博士は、祖国から亡命し、長年の間外国で暮らさねばならなかった。彼は、貪欲な米国に立ち向かう、発展途上国のすべての人民の権利の飽くなき擁護者であった。

すか》と訊いたそうです。《ここにはエルネストなどというものはおりません》と彼女が答えても男は引き下がらず、《ここにいることは分かってるんだ、入らせてもらいますよ！》と叫んで、入ろうとしました。閉まらないようにもう一枚のドアの脇にさっと足をさし入れて、押し開け、玄関の階段をかけ上って、エルネストのいる部屋まで走っていきました。こうして、私の家は突然に、再び歴史によって聖別されることとなったのです。思いがけないこの訪問者は、フィデル・カストロでした。

この事件があってから数日後に、エルネストがいないという気がかりな知らせを受けました。朝食にも、昼食にも、夕食にも下りてきませんでした。すぐに彼の小部屋に行くと、部屋には外から錠前でカギがかけてありました。むりにこじ開けるしかありませんでした。

部屋はめちゃくちゃに散らかっていました。ベッドは起きたときのまま、マテを飲むボンビージャやらアルコールコンロやらがあっちこっちにあり、衣類も散乱していて、さらに、同時に読んでいたかのように開いたままの本が六冊も散らかっていました。その中には、レーニンの『国家と革命』、マルクスの『資本論』、野営外科手術の手引き本、そして私の本、『中米における米国資本の行動』がありました。

大急ぎで出ていったのが分かりました。戻ってこないので、イルダに彼が失踪したことを告げ、ごくわずかな彼の荷物を彼女に託しました。

あらゆる意味において思慮深く、とりわけ、秘密を厳格に守ると評判で、他にも数多くの美徳があったので、エルネスト・ゲバラは米州の偉大な革命家のひとりとなったのです。

私たちとは家族同然に二週間ほど過ごしていましたが、自分がかかり合いになっている計画のことなど、一度もおくびにも出しませんでしたし、誰かの名前を口にしたり、何かのかたちで話題にしたこともありませんでした。もしも私や家族が警察に捕まって、尋問や脅迫を受けたとしても、何も証言できなかったでしょう。私たちは、彼のどこかしら軽快な様子から、何が起こりうるかなど、全然分からなかったのですから。ああいう性質をもった戦闘員だったら、闘いに勝利するのは当たり前でしょう！」

もう少し後では、アルフォンソ・バウエル博士は新聞記者に対して次のように証言している。

「あのとき私たちは、キューバ・ゲリラの経験についても話し合ったのですが、彼はキューバ・ゲリラの最も重要な勝因の一つはフィデルの指導力だ、と言っていました。《フィデルがどんなやつか想像できないでしょう》と私に言って、こうつけ加えました。《そばにいなきゃ、あいつの人格とか、偉大さとか、ゲリラの間でそのカリスマ性でもって徹底させている規律とかのことは、分からないですよ。僕らみんなが疲れはてて気が遠くなっていたとき、あいつがみんなを元気づけたんです。疲れ知らずで、勤勉で、思慮深く、積極的で、計り知れない人徳の持ち主ですよ。最悪な状況下ですら、絶対に同志を見捨てることなんかできない、素晴らしい友達です。フィデルがいつも考えてるのはね、自分の国の人民のことと、革命のことなんです。あいつは並大抵でない指導者ですよ》とチェは私に言いました。」

グアテマラの重要な政治家であるアルフォンソ・バウエル・パエス博士が、キューバの「グランマ」紙上で公表したこれらの言葉は今日、仲間の戦闘員全員にとって、フィデル・カストロがどれだけ大きな影響力をもっていたかを証明するものとなっている。

バウエルがチェについてうまく説明しているとおり、彼は「自分がかかり合いになっている計画のことなど、一度もおくびにも出」さなかったが、ここに、彼の手紙のなかにあの「何か」が感じられながらも、私たちには核心に迫ることができなかったことの理由があるのだ。

次の文章はチェによって書かれたもので、彼の著作『革命戦争の道程』のなかに収録されている。彼ほどうまく、すでに米州の歴史の一部となっているあの出来事のことを語ることのできるものはいない。

◆

革命の始まり

フルヘンシオ・バティスタに対する無血クーデターが起きた、一九五二年三月に燃え尽きた軍事侵攻の歴史は、当然のことながら反乱当日に始まったわけではない。その背景は、キューバの歴史をずっとさかのぼって見なければならない。一九三三年の、米大使サマー・ウォレスによる干渉よりずっと前である。一九〇一年のプラット条項よりもさらに歴史はさかのぼる。米国の併合主義者たちから直接派遣されてきた、英雄ナルシソ・ロペスの上陸よりもさらに昔で、ジョン・クインシー・アダムズの時代までさかのぼって、ようやく議論の根源に到達することができる。彼は、一八世紀初頭に米国の対キューバ政策に関する不変の特徴を宣言したのである。つまり、スペインからもぎ取った果実《リンゴ》は、アンクル・サムの手に落ちる宿命にあるというのだ。これが、キューバだけに限らず大陸全体で行われている侵略の長い連鎖の一つ一つの環となっているのだ。

帝国主義のこの波、この潮の満干は、民主的な政府の崩壊、または抑えきれない大衆による突き上げによる新政府の登場となって表出している。ラテンアメリカ全体で、歴史は似通った性質を持っている。独裁政権はごく少数の人々を代表しており、クーデターによって出現する。一方、広く大衆の支持を得た民主主義的な政府は、苦労に苦労を重ねてのぼりつめてくるが、多くの場合、政権を握る以前に、保身のために前もっていろいろな妥協をすることによって、すでに汚れてしまっていることもしばしばだ。そして、この意味でキューバ革命は、米州全体を見渡してみても例外的であるとはいえ、この過程全体の背景を説明したのは正しかった。なぜならこの文章を書いているこの私は、米州を揺るがしている社会運動の波に飲まれ運び去られて、結果的にもう一人の亡命米州人、フィデル・カストロと知り合う機会を持ったからなのだ。

彼に出会ったのはメキシコで、ある寒い夜のことだった。私たちの最初の議論は、国際政治をめぐるものであった。その同じ夜の数時間後、明け方には、私はのちの遠征部隊の一員となっていた。しかし私が明らかにしたいのは、キューバ政府の現首領に、メキシコでどのようにして、そしてなぜ知り合ったのかである。あれは一九五四年、各地の民主主義的政府が弱勢となっていたときのことだ。この辺りで踏ん張っていた米州最後の革命民主主義政権（ハコボ・アルベンス・グスマン政権）が、大陸全体に及ぶプロパガンダを隠れ蓑にアメリカ合州国が行った、冷酷で間接的な侵略に屈してしまったのだった。これを表だって指揮したのは国務長官のフォスター・ダレスであったが、奇妙な偶然で、彼は、グアテマラにおける主たる帝国主義企業であるユナイテッド・フルーツ社の顧問弁護士であると同時に株主でもあった。

そこから、心痛のため全グアテマラ人と一体となり、苦しみもだえるあの祖国の未来を建て直す方法を探し求めて、私は戻ってきた。そしてフィデルはメキシコへと、決起に備えて人びとを鍛えるための中立地を求めてやってきた。サンティアゴ・デ・クーバのモンカダ兵営を襲撃したあと、すでに内部分裂が起きており、気のゆるんだ者や、より少ない犠牲しか求めてこない政党や革命グループの方へとさまざまな理由をくっつけては移って行く者は、みな離反した。新しい仲間たちは、《七月二六日運動》と呼ばれる誕生したばかりの部隊に加わっていった。これは、一九五三年にモンカダ兵営を襲撃した日付である。メキシコで、絶対の秘密裡にこの人びとを訓練する役目を負った者たちの、非常に困難な仕事が始まった。メキシコ政府と闘い、米国のFBI捜査官たちと闘い、バティスタの手先と闘い、またこれら三勢力があの手この手で連携行動を繰り広げてくるのに対抗しなければならなかった。そこには金と裏切りがおおいにからんでいた。しかも、トルヒージョの間諜とも、また特にマイアミに結集していた最低な人間の集まりとも闘わねばならなかった。そして、こうした困難すべてに打ち勝ってからは、われわれはきわめて重要なあることを達成しなければならなかった。つまり、出発して……それから……到達するということ、そしてそれ以外のこともだが、それ以外のことは当時のわれわれには容易に思えた。今は、多くの努力と犠牲を払い、命を賭けることになったと、つくづく実感しているところだ。

フィデル・カストロは、ごく親しい人びとからなる小さなチームに助けられ、その資質と勤労精神のすべてをそそぎ込んで、キューバへ出陣する武装部隊の編成という任務に臨んだ。時間が足りなかったので、軍事戦略の講釈などしたことはほとんどなかった。私を含めたそのほかの者たちは、アルベルト・バーヨ将軍*のもとでかなりのことを学ぶことができた。講義の始めの方を聞いたときの第一印象と言えば、この反乱軍司令官とかかり合いになった当初は勝利できるものか疑わしく思っていたのが、可能性があると感じるようになったということだ。この司令官と私とは当初から、冒険家として感情面での共感によって結ばれていた。そしてまた、これほどまで純粋な理想のためなら、見知らぬ国の海辺で死んでも惜しくはない、と思うようになったのだ。

こうして数カ月が経過した。射撃の腕もだんだんと上がり、相当な腕前の射撃手も出てきた。メキシコに某農園を見つけて、そこでバーヨ将軍の指揮のもと（私は戦闘要員のリーダーを務めていた）、一九五六年三月の出陣に備えて最後の準備が行われた。しかしその頃、いずれもバティスタに買収された二組のメキシコの警官隊が、フィデル・カストロを逮捕しようと張っていたのだが、そのうちの一つが、金がらみのつきがまわってきて彼を捕らえることに成功したのに、投獄してから彼を殺さなかったという、これまた金がらみのばかげた間違いをしでかした。何日もしないうちに、フィデルの部下たちの多くも次々と逮捕され、メキシコ市郊外にあったわれわれの農場も警察の手に落ちてしまい、全員刑務所行きとなった。

そのせいで、第一段階の仕上げにとりかかるのが遅れてしまった。通算で五七日間拘留された者もいて、送還されるかもしれないという恐れが常にあった（カリスト・ガルシア司令官と私が証人だ）。しかしいかなる時も、フィデル・カストロへの信頼を失ったことはなかった。フィデルが、友情を犠牲にしてまで革命行動を貫く気はない、とでも思っているかのような態度をとることがあったからだ。彼に対しては、私も自分の立場を特別にさらけ出したことを覚えている。外国人で、メキシコでは不法滞在で、いろいろとやっかいな荷物を背負い込んでいる自分の身の上を。私のために革命を引き留めるようなことは絶対にしてはいけない、置き去りにしてくれて構わない、状況は分かっているし、どこから出陣指令が下ろうと闘いに加わるよう努力するつもりだ、そして、いざとなったら私をアルゼンチンではなくどこか近くの国に追放する方向に持っていく努力をしなければならない、と私は彼に伝えた。彼のきっぱりとした返事も覚えている。《君を見捨てたりはしないぞ》。そして彼は約束を守った。貴重な時間と金を費やして、われわれをメキシコの刑

＊1キューバ生まれの軍人（一八九二〜一九六七年）。若くしてスペイン王国軍に入り、北アフリカに展開する植民地軍の兵士として従軍。ムーア人地域をイペリット弾で攻撃する作戦の残虐性に衝撃をうけ、国王に抗議。一九三〇年代になると、共和国軍の一部隊を指揮して各地でたたかう。負傷し、左眼を失ってのち亡命。フランス、キューバを経てメキシコ滞在中の一九五五年、フィデル・カストロと出会い、キューバ遠征隊にゲリラ訓練を行なうことになった。著書に『ゲリラ戦士のための一五〇問』（日本語版は『ゲリラ戦教程』、世界革命研究会訳「世界革命運動情報」16号、レボルト社、一九六九年）がある。【訳註】

務所から出してくれたのだ。大切な人びとに対するフィデルのそうした私的な振る舞いこそが、彼をとりまく熱狂のカギであり、それが結集して主義や人物に対する賛同が生まれ、そのおかげでこの反乱軍の固い結束があるのだ。

隠れられるところを見つけて身をひそめ、人前に出ることを極力避け、ほとんど外に出ることもせずに地下に潜って働きながら、日々が過ぎていった。数カ月たった頃、名前は分からなかったが部隊内に裏切り者がいたことに気がついた。裏切り者は、武器の入った荷を一つ売り払ってしまったのだ。また、まだ《法的な契約》は結ばれていないものの、ヨット一隻と送信機一台も売られてしまったことが分かっていた。事実上この最初の引き渡しは、裏切り者が内部事情に通じている人間だということをキューバ当局に対して証明する結果となった。そのことがはっきりしたおかげで、われわれ自身も助かったのだが。活発な活動が展開されたのもその頃からだった。グランマ号は超高速が出せるよう整備された。ひどく少なかったのは言うまでもないが、とにかく手に入る兵糧はすべて備蓄していった。それから、戦闘服、ライフル、備品、ほとんど弾のない対戦車砲が二台。ついに、一九五六年一一月二五日の午前二時、フィデルの言葉が現実のものとなろうとしていた。政府寄りの新聞の格好の嘲笑の的となった、《一九五六年、われわれは自由を得るか、殉教者となるかだ》という言葉が。

明かりを消して、ありとあらゆる物資と人間が山と折り重なった地獄絵図の中、トゥスパン港を出発した。ひどい天候のため航行は禁止されていたが、河口は穏やかなままだった。このユカタンの港の入り口を横切り、しばらく行ってから、明かりをつけた。われわれは気が狂ったように酔い止めの薬を探し始めたが、見つからなかった。せいぜい五分間ほどはキューバ国歌や《七月二六日》運動の賛歌を歌ったりしていたが、その後は船全体が、情けなくなるくらい惨憺たる様相を呈した。男たちは満面に不安そうな表情を浮かべ、

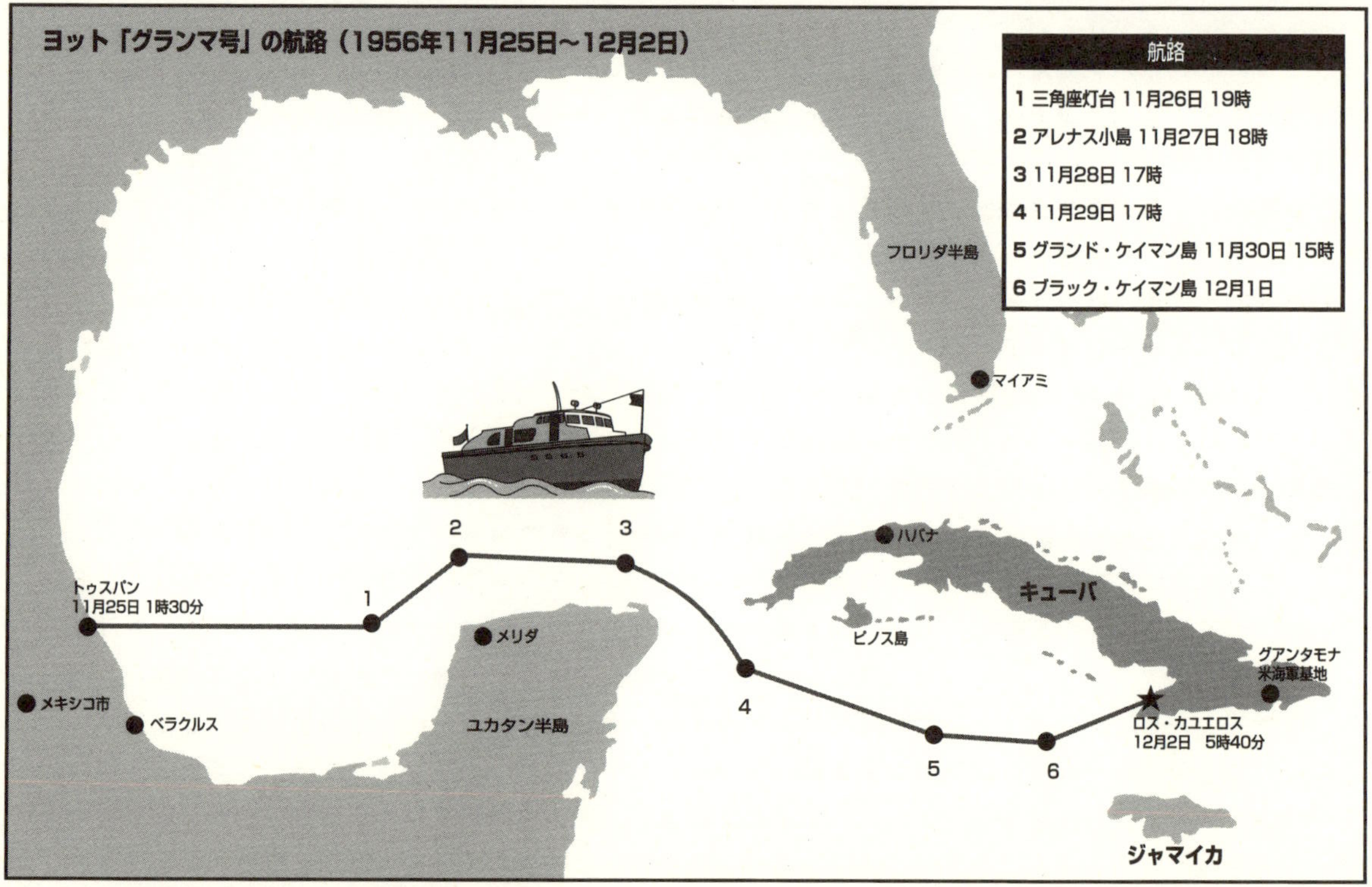

ヨット「グランマ号」の航路（1956年11月25日～12月2日）

胃の辺りを押さえつけていた。バケツに頭をつっこんでいる者、吐瀉物で汚れた服で身動きもできずに、この上なく奇妙な姿勢で倒れ込んでいる者。八三人の乗組員のうち、二、三人の水夫と、四、五人の者を除いた残りは全員船酔いしていた。しかし、四、五日目になると、全体的な見通しは少々明るくなった。と言っても、船のとっていた航路のことではなく、トイレのカギの一つが開いたことが分かったからだ。われわれはすでに、荷を軽くするために、要らないものは全部捨ててしまっていた。

選んだルートは、ジャマイカと大カイマン諸島をぐるっと廻って、キューバの南を大きく迂回し、オリエンテ県のニケロ村に近いどこかに上陸するというものだった。計画は非常にゆっくりと実行されていった。三〇日には、偉大なるフランク・パイスによるサンティアゴ・デ・クーバでの蜂起のニュースがラジオで流れ、遠征隊の上陸と同時に援軍しようと考えた。翌一二月一日の夜、われわれはキューバに向けて一直線に面舵をとり、カボ・クルスの灯台を必死になって探していた。水も、石油も、食糧も底をついていた。午前二時、真っ暗な嵐の夜で、不安にかられていた。見えてこない光の尾を水平線の向こうに探し求めて、見張りが右往左往していた。元海軍大尉のロケが、カボの灯を見つけようと、今一度小さな上部デッキに登ったが、足を滑らせて海に転落してしまった。[*10] 航行を再開してからしばらくして、ようやく明かりが見えるようになったが、船は息も絶え絶えに進んでいたので、旅の最後の数時間は永遠に続くかのように思えた。日が上ってからキューバに到着し、ラス・コロラーダスの海岸のベリックという名で知られる場所に上陸した。

一隻の沿岸航行船がわれわれを目撃し、バティスタ軍に信号でこの発見を知らせた。必要最小限の荷物だけ持って急いで船を降り、沼地に入るやいなや、敵の戦闘機が攻撃してきた。もちろん、マングローブに覆われた湿地帯を歩いていたので、戦闘機には見つけられもしなかったし繰り返し攻撃されることもなかったが、独裁政権軍はすでにわれわれを追ってきていたのだ。

不案内なうえに無責任な仲間の知ったかぶりのおかげで迷い込んでしまったこの沼地から、出るのに何時間もかかってしまった。乾いた陸地に着いたときは統率を失っていて、つまずきながら、悪魔に背中をこづかれている亡霊か幽霊の軍隊みたいになって歩いていた。航海の間は飢えと船酔いの日々が七日間続き、さらに三日間、陸上でのひどい日々が待っていた。部隊内で倒れる者がいたり、疲労や休息のために中断しながらも夜間の行軍を続け、メキシコを出発してからちょうど一〇日目、一二月五日の明け方に、アレグリーア・デル・ピオという皮肉な名前の場所にたどり着いた。山がちの小さな島で、一方の山腹にはサトウキビ畑《きび》があり、その他の方角にはいくつか入り江が開けていて、もっと奥には密林が始まっていた。野営地としては悪い選択だったが、明るい時間をやり過ごすために停止し、その日の夜のうちに行軍を再開した。

*10八二人もの人間と兵糧と武器を乗せて、大きく揺れながら進んでいたグランマ号から、舵取りだったロケが水に転落したとき、横風、横波を受けながら、船の向きを変えたりすれば、難破してもおかしくなかった。理屈で考えれば、舵取りの運を天にまかせて置き去りにするべきだった。彼を助けようとすれば、その他の兵士たち全員の命を危険にさらすことになるからだ。しかしフィデルはそういう人だった。一人の命を救うために他の全員の命を危険にさらしたのだ。一時間かけてロケを探し、ついに、ほとんど溺れかけていた彼を船に引き上げることができたのだった。

仲間に対するフィデルのこうした態度や振る舞いがあったからこそ、彼は戦闘員一人一人の本当の兄弟だったのだ。

ティタ・インファンテから、エルネスト・ゲバラ・デ・ラ・セルナへの手紙

「一九五六年一二月九日、ブエノスアイレスにて

エルネスト

心が騒いでいて自分自身を分析することもできないし、あなたに書いているこの手紙にどんな意味があるのかも分かりません。あなた宛に書いているのか、それとも単に私自身に宛てて書いているのか、分からないんです。

私はこの二日間を、ベカールにある友達の家で過ごしています。今朝起きたときに、まだ読んでいなかった昨日のラ・プレンサ紙を手にとりました。もちろん一番最初に探すのはエジプトとハンガリーに関するニュースですが[*1]、一〇日前からはキューバを真っ先に探しています。フィデル・カストロの上陸と活動の第一報が入ってからというもの、あらゆる人民解放の試みに対してと同じくこの件にも関心を抱いたばかりでなく、あなたの思い出が常に私につきまとい、また同時にあなたがどんな目に遭うのだろうという重苦しい恐怖感が心を離れませんでした。

一五日か二〇日ほど前に、あなたからの一番新しい手紙を受け取りました。信じて欲しいんだけど、どんなに嬉しかったことか、思いもかけなかったからなおのこと、とても嬉しかったです。私の方から手紙を出しそびれていたためだけでなく、あなたがメキシコで苦境に立たされるようになってきたということを、新

聞で少しは知っていたからです。

友よ、今年はあなたに全くお便りしませんでした。でも忘れていたからではないのです。そうではないのです。エルネスト、私があなたに抱いている愛情と友情は、一度だってぐらついたことはありません。それどころか、どんなに時間が経っても、また離れていても、過ぎ去った年月が熟していくのとともに、あなたに対する友情は、ますます強く壊れようのないものになりました。そして、過去も、現在も、来る将来も含めた永遠の大親友として、エルネストのことを想わない日はないことでしょう。

どうして私がこんなにも長い間、これまでになく音信不通であったのか、その理由を言わなければなりません。無意味なこまごまとした言い訳はしたくありません。ただ、私の内面の悩みごとが一年前からどんどん大きくなってしまって、とうとう二月には本当に病気になってしまい、七月には最悪の状態に陥ってしまったのだということだけ書いておきましょう。私がどこでどうしていたのか、生き生きした人びとの間にあって私がどんなに《死人》みたいだったか、狂気と失望の世界がいかにしてその網の目の中に私を取り込んでしまったか、そのせいで私の体と心と精神の健康がどんなに脅かされたか、そんなことをあなたにお話しすることだってできます。

今は、もっと落ち着いて、経験の重みに支えられながら、三週間前に学位をとりました。なんと呼んでもらっても結構ですが、くだらない恋も終わって、今は自分の道を探しているところです。そんなみっともな

＊1この年、エジプトでは、スエズ運河のイギリス支配が終わりを告げ、イギリス軍が撤退した後で、当時のナセル・エジプト大統領はスエズ運河会社の国有化を宣言、これに反対するイスラエル、イギリス、フランスなどが運河地帯に出兵して、スエズ戦争が戦われていた。また、ポーランドでは、ソ連で行なわれたスターリン批判をも契機に、反政府暴動が起こっており、このふたつの事態で世界は騒然としていた。【訳註】

い状態であなたにお手紙を書きたくなかったし、六月か七月に新聞で、あなたがメキシコで窮地に立たされているということを知ったときには、私は病気でサナトリウムに入っていたんです。でもむしろ手紙の書きようがなかったんです、だってあなたがどこにいるのかすら知らなかったんだから。最近は、どうにかしてあなたと連絡をとりたくて、ご家族のお宅に電話をかけようかとも思いました。その後革命が始まり、上陸と続き、あなたは絶対あそこにいると確信しました。数日前にあなたからの手紙が届きました。繰り返しになるけどこの上なく嬉しくて、私が連絡しなかったにもかかわらずあなたの友情はまだ続いていたんだと分かって、心の底から、何年も前にある手紙を通じてあなたも垣間見た悲しみの心の奥底から、そのことをあなたに感謝しました。

大切な友よ、今日新聞で、捕らわれたあるキューバ人革命家の供述を読みました。ホセ・ディアスとマリオ・フエンテス・アロンソの供述によれば、あなたは革命家たちと行動をともにしたそうですね、そしてさらに後の方では、あなたが政府軍の攻撃によって死亡したと供述していたのです。

でもなぜかしら、絶対にあなたは死んではいないという確信をもって手紙を書いています。そんなことは嘘、そんなことはあり得ない、何かの間違いだわ。だって供述のほとんどは、キューバ政府とキューバの報道機関が、ゆがめて伝えているということがはっきりしているから。

あなたに手紙を書いているのかしら？　そうよ、エルネスト、あなたがまだ私たちの間にいるんだということも、いつかどこかでまだあなたに会うことができるのだということも、あるいは少なくとも、世界のどこかにいるあなたにこうして手紙を書くことができるのだということも分かっているのですから。

だからこの手紙は私が持っていることにしましょう、いつの日かあなたのもとへと楽しい気分で送り出されていくものと確信しながら。エルネスト、それまでは私はあなたのすぐそばにいると感じているし、私に残っているすべてのエネルギーを込めて、つまり今さら言うまでもない愛情の力を込めて、ここからあなたを支えています。そして待っています……。近いうちにあなたのことで確かなことが何かしら分かると思います。

まだ送ることができないあなた宛てのこの手紙を、あなたはいつか見つけることでしょう。ばかげた手紙だったらごめんなさい、でもこの手紙には私からあなたへの愛情と信頼のすべてが込められているのだから。

それではまた、近いうちに。さようなら、私の友よ。いつかまたお会いしましょうね。

ティタ」

チェの死後一年のティタの回想

「この『アルゼンチンの証言』誌に寄稿して欲しいという依頼を受けたとき、これは私には過ぎた仕事だと考えて、そのように申し上げました。けれども、こんな名誉なことをどうしてお断りすることができましょうか。そこまで大きな努めをどうして逃れることができましょうか！

今日、まだ真っ白なままのこの頁を前にして、私のやろうとしていることは自分の手に余ることのように思えます。偉大な人物を回想するというのは、いつでも難しい仕事です。一九六八年の今日、その人物がエルネスト・ゲバラであるとなれば、この仕事はとても達成できなさそうに思えるのです。

ちょうど一年前、ずいぶん長く国を離れていた後の帰国で最初に新聞を読んだときは、瞳は困惑し、手は震え、息ができなくなりました。はっきりと分かるまでには時間がかかりましたが、そこには、彼の悲劇的な死の知らせが、米州がいつの日か償いを求めることになるであろう、あの言語道断としかいいようのない暗殺の知らせが、書かれていたのです。一年。もうこんなに時が経ってしまった。今でもこんなに鮮明です。ボリビアの大地が吸い込んだあの血と、死を超えて、月日や空間を超越して生き続ける彼の大きな瞳の眼差しと同じように。粗末な布に載せられた彼の勇ましい体、ゲリラらしく髭と長髪に包まれた彼の美しい頭、苦痛にゆがめられていないキリストのような表情……。大地と樹、泉の水、野生の活力……。エルネストは死んだ、けれどもすでに《永遠》の中に生まれ変わっていたのです。彼はいつも、《悲劇》へと向かって陽気に突き進んでいました。死によって彼の道は閉ざされましたが、彼が心底愛していた《生》への新しい扉が開かれたのです。彼という人物の思い出、人生の思い出、闘いの思い出は、いつも世界中の人びとの心の中に生き続けるでしょう。エルネスト・ゲバラは、運命が人類に贈ってくれた、数少ない人物の中の一人なのですから。

死後一年で、彼についていろいろ書かれました。本、記事、研究、随筆、伝記という具合に。私は彼についてどんなことを話せるのでしょう?

長年の間、私たちは親密な友情で結ばれていました。六年近くの間は直接に付き合いがあり、あとの何年かは手紙のやりとりをする間柄でした。

知り合ったのは一九四七年です。医学部の、解剖学の階段教室で、医者の卵たちの中でも特に無神経な者ですら衝撃を受ける光景を前に、自分自身と他の人びとに対して皮肉をこめた悪態をついている、生真面目で温かな声を何度か耳にしました。アクセントからいって私の同郷人で、顔を見ると美しい屈託のない青年でした……。その存在を焼き尽くすことになる火は、まだ彼のもの柔らかな外見の下に潜んでいたけれど、眼差しの中ではすでにぱちぱちと火花をあげていました。内気さと尊大さ、おそらくは大胆さの混じりあったものが、彼の計り知れない知性と、理解しようとする飽くなき欲求とを、そしてその根底にある、無限大の愛する能力を覆い隠していました。

私たちは一度も、文化面でも政治面でも共通のグループに属したことはありませんでしたし、交友関係も別々でした。理由は異なりましたが、私たちは二人とも、あの医学部では同じぐらいよそ者でした。彼の場合はたぶん、自分の探し求めているものはあそこではほとんど見つからないだろうということが分かっていたからでしょう。だから、私たちの関係はいつも一対一のものでした。研究室や、カフェや、私の家や、滅多にないことでしたが彼の家などで……。自然科学博物館でも、《神経系の系統学を勉強するために》水曜日ごとに会っていました。その頃は魚に取り組んでいて、解剖とか、プレパラート、パラフィン、ミクロトーム、切片のつなぎ合わせ、顕微鏡などなどを、時にはドイツ人の老教授に指導を受けながら、交互に扱っていました。しかし、いつも彼の楽しい会話でそんな時間が少々中断されました。そうでもなければ、時には私にとってそんな時間はあまりにも長く感じられたことでしょう。約束をすっぽかしたことはなく、いつも時間厳守でした。電話をするのも一度も忘れたことがありませんでした。彼の自由奔放な生活とはなんと奇妙なものだったことか！

成果に驚かされるたびに、二人そろって好んでいたグティエレスの詩を繰り返したものです。

勝利の賛歌をうたわないでくれ
闘いの太陽の昇らない日には

あとになって、彼はシエラ・マエストラで、コンゴで、ボリビアで、いったい何回ぐらいこの詩を繰り返したことだろうとよく考えました。全人生が闘いであり、おそらくはそのためにこの詩句は彼自身のものだったのでしょう。

不安げだったり深刻で物思いに沈んだりしている姿はよく見かけました。本当に悲観したり気難しくなることは一度もありませんでした。彼と親しい人なら誰でも知っているあの笑顔と温かな優しさは、いつ会っても絶やされたことはありませんでした。会話をしていても相手に対して侮蔑的なところはどこにもありませんでしたし、短い言葉で奥深い批評をしていましたが、直後には何かしら建設的な良い面を続けて言いました。よほどの理由がない限り、何かに反目している様子はほとんど見られませんでした。おそらくはそのおかげで、恨みを抱くという事も決してなかったのでしょう。

移動時間すらも無駄にはしなかったので、たいがいは本を片手に現れました。時にはそれがフロイトの一冊であることもありました。《自分が興味のあるケースで臨床記録を見直したいんだ》。手にしているのが教科書だったこともあったし、古典のときもありました。

お金を余分に持っていたことなど一度もありません。その逆です。あの頃は、ピサーニ先生と一緒にアレルギーについての研究をすることで、生活費を稼いでいました。でも経済的な制約が根本的な心配事になったことは一度もないし、自分が義務だと考えていたことをする妨げになったことも決してありませんでした。いかにも屈託なくて身なりを構わないところも、彼と他の人では控えめな違いがあるということを目立たせないのに一役買っていました。

ありふれた思い出がよみがえります。私たちはよく、本を貸し借りしていました。あるとき、パナイ・イストラティの『スポンジの漁師』という本を貸してあげたら、彼はひどく気に入って、私たちはその本について語り合いました。それからしばらくして、彼は同じ作家の同じ本を持ってやって来ました。繰り返し読んでいるうちに本をなくしてしまったので、買って返す機会を待っていたのです。でもあの本は、コリエンテス街の古本屋で買った、組版もいい加減な、すごく安っぽい本だったのに!

私たちは、強い信頼と親しみによって結ばれていました。だからいつも、それぞれの生活で起きた良い出来事や悪い出来事を打ち明けあうことができたのです。けれども、彼は親密でありながらも同時に慎み深い性格だったので、私たちはしゃべりすぎることなく、あんなにも語り合うことができたのです。

学生としての彼は、たくさん勉強していたわけではありませんが、確かに優秀でした。あの、いつでも

《冒険》に出る覚悟のできていた青年、旅に出るために《しばしばロシナンテの肋骨をかかとの下に感じて》いた青年は、知りたいと強く渇望していたのです。でもそれは難解な精神のなかに宝を貯めていくためではなく、真実に対する飽くなき探求だったし、それとともに、自分自身の《天命》を探し求めていたのです。彼の中ではあらゆるものが調和しており、さまざまな体験や知識の一つ一つがすべて、彼の人格全体の中で一体となっていました。

旅をしたり、仕事をしたり、スポーツ（当時はラグビーとゴルフでした）をしたり、また生活のほとんどを本を読んだり友情を培うのに費やしていたにもかかわらず、六年以下で学位をとってしまいました。学習の仕方が分かっていたのですね。問題の真髄に入っていって、そこから自分の計画が許す限り手を広げていくという具合でした。ある問題に情熱を感じると、立ち止まって、深く奥を極めるということのできる人でした。ハンセン病、アレルギー、神経生理学、深層心理学……。そして同時に、試験の前夜になって電話をかけてきて、カロリーやプロテインの含有率によって野菜はどうA、B、Cに分類できるのか、などという質問をしたりするんです……。他の障害を飛び越すのと同じぐらい簡単に、実践や理論まで飛び越えてしまいました。けれども、やると言ったことは、どんなに苦労してでもやり遂げなければ気が済まないのでした。実際、最終試験に合格した後でも、彼が栄養学の実習をやっているのを見かけました。

友達に対しては献身的で思いやりがあり、大変な人情家でした。彼は友情には神聖な義務を感じずにはおれず、また同じように権利も認めていました。義務と権利を実践していたのです。与えるときと同じぐらい自然に、ものを頼むのでした。そして、生活のあらゆる領域に渡って、与えるということを実行していました。

離れているということは、エルネストの場合、不在を意味しませんでした。旅行中は、彼の行程の変化や懐具合にもよりますが、ほぼ定期的に手紙が届いて、親しい会話が延々続いたものです。ときどきは、写真を愛好していた彼から、実に変化に富んだ状況下で撮られた肖像が送られてきました。南米のどこかの病院にいる、やせ細ってだれだか分からなくなってしまった病気の彼。ブラジルの熱帯林の、とある先住民族の人々と車座になっている彼。数週間の休養ののちの太った彼。また、グラフィコ紙の広告にも……。友達からの手紙はとっておいて、必ず返事をくれました。

最後から二番目の旅から戻る時に、マイアミで過ごした二〇日間（彼の伝記ならどれにでも書いてあることなので、詳細は省きます）は、彼の人生で最も苦しくてつらい日々だったと回想しています。でもそれは、経済的に苦しかったからだけではないのです！

最後の旅の準備をしている最中のある日、大笑いしながら、そしてちょっぴり腹を立てて、私のところへこんな事を話しに来ました。彼にビザを発行するのを拒否していたベネズエラ領事が、彼の喘息の発作を、怒り狂って脅しているのだと勘違いしたと言うのです（絶対、前に滞在したときに、米州の政治家たちに《悪い印象》を残したんだと思いますが）。

見送りの日まで（彼の家には一番親しい友人たちが集まりました）、私が知っていたのは非常に質素な彼だけでした。タバコも吸わず、アルコールもコーヒーも飲まず、また食事制限は大変に厳しいものでした。喘息のせいで、厳しい規律に従う生活を余儀なくされていたのです。

エルネストが書いてよこす手紙はどれも文学的で、温かさと面白味と皮肉に満ちていました。幸運だったこと、不運だったことをおもしろおかしい調子で書いてくるので、一番大変な時ですら深刻さが薄らいだものです。どの国に行っても最も草の根のところまで分け入っていき、好奇心から、インカの遺跡やらハンセン病療養所やら、銅やタングステンの鉱山にまで訪ねていきました。地元の人びとの生活にすばやくとけ込み、政治的・社会的展望を見極めました。彼の話は楽しくて分かり易い語り口でしたが、純粋で優雅でもありました。ものごとや人びとを写実的に、婉曲表現は使わず、客観的に描き出しました。また自分の心の動きについて書くときは、悲しいときもうれしいときもつつましやかで、誰にも何も言ってくれるな、といつも頼むのでした。

一番大変な時ですら、人生をとても大切にしていて、彼流の理論から楽観主義を引き出していたと思います。《ものごとがうまくいかないときは、もっとうまくいかないときだってあり得るし、しかも良くなる可能性だってあるんだと思えば自分を慰めることができるんだ》。

一九五八年の八月、私が出発の準備をしている時に、見知らぬ若い新聞記者から電話がかかってきて、とあるカフェで待ち合わせました。それがマセッティ[*1]でした。シエラ・マエストラで二カ月を過ごしてきた後で、エルネストの母親と私宛に一通ずつ手紙を持ってきていました。できるだけ手紙を下さい、と特に頼んでありました。今も彼の偽名を思い出せます。テテ・カルバチエ。そしてハバナの住所がいくつか書かれていました。彼の思いやりは闘いの中で凍りついてしまうどころか豊かさを増しており、祖国や母親や友達を懐かしんでいました。マセッティはシエラ・マエストラでの出来事を長い時間話してくれました。あらゆることを、そしてあらゆる人のことを。フィデル、ラウル、野営隊のことを……。けれどもマセッティにとっては、人間性にしても勇気にしても多彩な能力にしても、エルネストに匹敵するものは何もありませんでした。住民登録や、学校、パン工場、武器の修理や製造、そのどれを指揮するのもエルネストであり、その場にいて働き、指導しました。そして闘いにおいては、いつも先陣を切りました。

伝説に残るような彼の勇敢さはすでに語り草になっており、エルネストと知り合い、アルベンスの失脚後には特別な避難所をアルゼンチンに得たあのグアテマラの青年たちの話によって、少しずつ逸話集が出来上がっていきました。

一月二日、フィレンツェで、革命の勝利を知りました。そうです、一九五九年一月二日のあの日から、彼の人生は彼だけのものではなくなり、歴史の一部となったのです。私には、何も、付け足すことはありません。

そう、私は、彼を深く知り、彼の信頼を得、忘却ともためらいとも無縁な強い友情を分かち合うという、通り一遍でない特権に浴しました。私が彼と知り合ったときはとても若くて、まだただのエルネストでした。でも、彼の中にはすでに、未来のエルネスト・チェ・ゲバラがいました。あの若き日から、いつも彼が自分の道を歩んでいくのを、いつも前へ前へと進んでいくのを見ていました。決して立ち止まらず、彼を知る人なら誰でも、彼が《地球の裏側まで行くまで止まらない》ということだけではなく、自分の《運命》に向かって進んでいたということを承知していました。そして彼の《運命》とは、決して普通の人生のそれではないということも分かっていました。いつ、どのようにしてかは分かりませんが、彼が長い道のりの果てにその《運命》にたどり着くに違いないと、私はいつも確信していました。常に、何かしら驚かされました。手紙、電話、新聞のニュース。でも、本当に驚いたことは一度もありませんでした。

彼が亡くなってから一年以上たった今日もなお、数限りない思い出とその姿を、私の記憶と心の中で整理するのは難しいです。あまりにも愛情に染まっており、痛みと賞賛の中であまりにも混乱しているから。

＊1アルゼンチンのジャーナリスト（一九二九〜六四年）。一九五八年にゲリラ根拠地シエラ・マエストラでカストロやゲバラと会見、その報告書は多くの反響を呼んだ。革命後のキューバに住み、国営通信社プレンサ・ラティナの設立に尽力した。ゲバラとの約束で、アルゼンチン北部のゲリラ戦線を開くために秘密裏に帰国、北部山岳部に入った。しかし組織に警官が潜入して瓦解、病気にも罹って行方不明のまま遺体も見つかることはなかった。【訳註】

その偉大な人物像から、ギリシャ神話や中世の英雄を思い起こさせる神のようなあの人から、こんなにも近く、同時にこんなにも遠く離れて感じるとは。

彼の繊細さと優しさと豊かな人間性に、そんな偉大さを重ね合わせるのは難しいです。

石に刻みつけるには温かみがありすぎる。

身近な人として思い描くにはあまりにも偉大すぎる。

エルネスト・ゲバラは、人並み程度にはアルゼンチン人でもあり、そしてたぶん、誰よりも本物の世界市民でした。

解題

一九九七年に小社が刊行した『チェ・ゲバラ　モーターサイクル南米旅行日記』は、文字どおり、ブエノス・アイレス大学医学部に在学中のゲバラが、友人アルベルト・グラナードと共に行なった南米旅行（一九五一年一二月～一九五二年八月）の記録だった。そこに付した「日本語版解題」において記したように、ベネズエラから米国に渡ってのち帰国したゲバラは、その後ただちに一二科目残っていた必修単位を取得し、アレルギーに関する論文を書いて医学博士となった。他方、アルベルト・グラナードは、初志のとおり、首都カラカス市郊外の村にあるハンセン病院に職を得ることができたので、ベネズエラに残った。

ゲバラは、グラナードと別れるときに、いつか同じハンセン病院で働こうという約束を交わした。医師の資格を得たゲバラは、その約束を果たすために、ベネズエラに向けて再度の旅に出た。一九五三年七月七日のことである。今回の旅の同行者は、カリーカことカルロス・フェレールであった。アルタ・グラシアに住んでいたころのゲバラが、喘息に苦しむと診察を受けていた医師の息子であり、親しい旧友である。

ゲバラの両親の心配は大変なものであったらしい。喘息を病む身体上の問題、生来の放浪性が孕む未来の不安定さ。後者の心配はある意味で当たったと言えよう。本書が語るように、ボリビアの社会革命の息吹きに触れて心が高揚していたゲバラは、旅の途上のエクアドルでグアテマラにおける革命と反革命の攻防を聞くと、ベネズエラへ行くという当初の予定をなしくずし的に変えて、グアテマラへ向かった。グアテマラの社会革命が挫折してメキシコへ逃げると、そこに待ち受けていたのは、フィデル・カストロら亡命キューバ人革命家との運命的な出会いであった。それから一年と数カ月後には、ゲバラは、キューバの独裁政権打倒のためにカリブ海に乗り出したヨット「グランマ号」上にいた。

本書にまとめられたのは、この旅の途上で、ゲバラが家族（両親と伯母ベアトリス）および親友ティタ・インファンテに宛てた手紙の一部である。

本書の編者はチェ・ゲバラの父親、エルネスト・ゲバラ・リンチだが、本書冒頭に言うように、彼は一九八〇年に『わが息子　チェ』を著している（*Mi hijo el Che*, Ernesto Guevara Lynch, Planeta, Barcelona, 1981）。この本は、「わが息子　チェ」がメキシコでキューバ人革命家たちと付き合いはじめて逮捕されたり、釈放されたものの地下生活を続けとうとうキューバ遠征隊に参加していることを「一方的に聞かされるだけの立場」にいたアルゼンチンの家族が、生死さえ定かでない「息子＝甥＝兄」を思って、いかに焦燥の日々をおくっていたかの記述に始まる。そして革命の勝利後一週間も経たないうちにキューバから航空機がアルゼンチンに差し向けられ、父母をはじめとするゲバラの家族とアルゼンチンに在住していたキューバ人亡命者を移送することになるが、そこで息子と六年ぶりの出会いを果たした親としての感慨が綴られてゆく。その後は、エルネスト・ゲバラ・デ・ラ・セルナ誕生以降の個人史が、いくつもの断片的なエピソードを軸に描かれて、一書をなしている。それは、伝記的な物語としてチェ・ゲバラの生涯とたどるというよりも、身近な家族から見た、細大洩らさぬエピソードの集積とでも言うべき書である。末尾には『チェ・ゲバラ　モーターサイクル南米旅行日記』のかなりの部分が収録されて、この書は終わる。

父親、エルネスト・ゲバラ・リンチは、本書「前書き」に見られるような意図で、「伝記の続編」として本書をまとめた。両親に宛てた手紙が保管されていたことは当然だろうが、本書に奥行きを与えているのは、伯母のベアトリスと友人のティタ・インファンテに宛てた手紙の一部も収録されている点にあると思える。ふたりに宛てたゲバラ書簡の筆致からは、からかいと皮肉と当て擦り的な表現の向こう側に、ゲバラがふたりに抱く深い信頼と愛情を感じとることができる。ゲバラの父親の姉に当たるベアトリスは、父親の言によれば、「生涯を独身で通し、子どもをもつこともなかったので、家族すべての護り役のようにふるまったが、エルネストに注ぐ愛情は特別だった」（“*Mi hijo el Che*”）。ゲバラは四歳のころから伯母宛ての手紙を書き始め、伯母もまた返事を怠ることはなかったというから、三五年間にわたって両者の間で交わされた手紙は膨大な量にのぼり、そのすべてをベアトリスは保管していたという。チェ・ゲバラもまた、きわめてまめな日記・手紙の記録者であったから、本書のような異例な形で「伝記」が成り立つというのも、「記録魔」のようなゲバラと「保存魔」のような家族があってこそ、だったと言える。

「記録魔」と言えば、本書のイタリア語版を一九九七年に刊行したミラノの SPERLING & KUPFER EDITORI 社からは、二〇〇〇年に“*OTRA VEZ : Il diario inedito del secondo viaggio in America Latina 1953-1956*”, ERNESTO CHE GUEVARA が発行された。ゲバラ自らの手になる『ふたたび：ラテンアメリカ第二回目の旅の未公開日記　一九五三〜一九五六年』である。つまり、家族・友人宛ての書簡を通して本書で描かれた旅にあっても、ゲバラは日記を記していたのである。その旅から四〇数年を経て（ゲバラの死からは三〇数年を経て）、「日記」は、キューバの「チェの個人文書保管所」との共同作業によって、まずイタリア語訳が刊行されるに至った。［チェ・ゲバラが遺した文書の、著作権上の管理は、遺族との合意の下で、イタリアのいくつかの出版社を通してなされていることは、『モーターサイクル南米旅行日記』に付した解題でも触れた］。スペイン語原文も、単行本となる以前のコピーの形では私たちの手元に届いているが、本として刊行されているかどうかは不明である。

日付をもたない形で書かれているこの「日記」は、メキシコにおけるフィデル・カストロたちとの出会いには触れないままで終わっているが、旅先の各所における土地と人びとに対する思いが、書簡集とは別な角度から披瀝されている箇所も多く、興味深い記録となっている。また、この本には、第一回目の旅の同行者、アルベルト・グラナードが「一九九八年八月、ハバナにて」という但し書き付きで序文を寄せている。私たちは、本書に続けて、この「日記」の紹介も行ないたいと考えている。

さて、本書の最後には、ゲバラ自らが記録した『革命戦争の道程』の冒頭部分が収められている。これにはすでにいくつかの日本語訳があり、またゲバラの最後の土地になるボリビアでの活動記録も『ゲバラ日記』として、いくつもの日本語訳がある。これらに、上の「日記」を加え、さらにいま私たちが日本語訳を準備している『革命戦争の道程：コンゴ編』を重ね合わせると、チェ・ゲバラ自身の手になる「旅日記」と「ゲリラ戦争下の野戦日記」は、おそらくそのすべてが明らかになるだろう。

私たちは、こうして、「芸術家のような喜びをもって鍛え上げてきた意志の力が、弱い脚と疲れた肺を支えて」いた「この二〇世紀の小さな隊長」（一九六五年、両親に宛てた別れの手紙より）の生涯を、思いがけない形でたどることになるのである。

【現代企画室編集部・太田昌国】

訳者あとがき

本書で紹介されている手紙はゲバラの父親、ゲバラ＝リンチ氏が選んだものであり、客観性に欠けるかもしれないが、ゲバラがいかに人間味にあふれた人だったかがよく伝わってくる。父親の息子自慢のような語り口がほうぼうで目につくので、正直言って最初は違和感を覚えた。だが、米州諸国や、その他の搾取された国の人びとの救世主としてばかり描かれがちなゲバラが、決然とした革命の戦士であるまえに一人の息子、セルナ家の息子なのだということは、彼の人生を知る上でやはり大切な要素だ。手紙を読めば分かることだが、ゲバラ自身そのことを決して否定しない。ティタ・インファンテは、ゲバラの死後一年の回想の中で「彼の人生は彼だけのものではなくなり、歴史の一部となったのです」と述べている。歴史の一部ではない彼の生の証が、これらの手紙なのだろう。

スペイン語版のタイトルにもなっている「Aquí va un soldado de América（米州の兵士、行って参ります）」というゲバラの言葉の解釈はいろいろだろう。父親は、米国の帝国主義的支配下で搾取され政治的自由も奪われている人々を救うのだという決意の表れとして捉えているが、一連の手紙を読み進んでいくと、むしろ自分自身との闘いに毅然とした態度で挑もうという思いから発せられた言葉かもしれないという気がしてきた。手紙の中でゲバラは、自分のことを根はどうしようもない怠け者で、すべてをなげうって闘いの中に身を投じていく決心がつかないのだと告白し、家族に会いたくてたまらない想いを、かつての平穏な生活の懐かしい思い出を胸の内に抱いていることを書きつづっている。読者はゲバラの手紙を読んで「Aquí va un soldado de América」という言葉をどのように解釈されるだろうか。

一度目の南米旅行で米州諸国の直面する現実を目の当たりにし、その現実を前にした自分の無力さに憤りを覚えた。それでこそ、キューバ上陸に至るこの第二回目のラテンアメリカ放浪があったのだが、常に、「自分はどうすべきなのか」という問いかけがあった。あえて署名をしない「エルネスト」としての彼と、自らの信念に忠実に闘おうと決心を固めた「エル・チェ」としての彼が、これらの手紙の中ではまだ共存している。

カリーカ・フェレールが、普段笑わないインディオをもゲバラが笑わせたことに触れ、「インディオがそんな風に笑うのを見たのは、それが初めてでした」と語っている。私はこのくだりを読んだとき、どんな言葉よりも、多くの人を魅了してやまなかったゲバラの人物像が見事に凝縮されているように思えた。私が原文から感じたようなゲバラの人間臭さが、ここに訳出したティタやカリーカ、父親らの言葉、そして何よりゲバラ自身の手紙から、読者にも伝わってくれれば幸いである。

最後になったが、二度にわたってゲバラを翻訳する機会を与えてくださり、丹念に訳文を見直して丁寧な訳註をつけてくださった現代企画室の方々に、この場を借りて心よりお礼を申し上げたい。

二〇〇一年九月二五日

棚橋加奈江

【翻訳者紹介】
棚橋加奈江（たなはし かなえ）
1971年岐阜県大垣市に生まれる。
ラテンアメリカ地域研究、開発経済学を専攻した。
1995～96年、メキシコに留学。
訳書に、『チェ・ゲバラ　モーターサイクル南米旅行日記』（現代企画室、1997年）
共訳書に、サパティスタ民族解放軍著『もう、たくさんだ！：メキシコ先住民蜂起の記録①』（現代企画室、1995年）

チェ・ゲバラ　AMERICA放浪書簡集

発行　2001年10月22日　初版第一刷　2500部

定価　2200円＋税
編者　エルネスト・ゲバラ・リンチ
翻訳者　棚橋加奈江
装丁　本永惠子
地図　太田亮夫
発行者　北川フラム
発行所　現代企画室
101-0064東京都千代田区猿楽町2-2-5-302
TEL03-3293-9539　FAX03-3293-2735
E-mail　gendai@jca.apc.org
URL　http://www.shohyo.co.jp/gendai/
振替　00120-1-116017
印刷・製本　中央精版印刷株式会社
ISBN4-7738-0102-6 C0023　Y2200E